Sprache und Lesen

3

der die das

Arbeitsheft
Teil B

Herausgegeben von

Stefan Jeuk

Antje Sinemus

Krystyna Strozyk

Erarbeitet von

Petra Dreßler-Quade

Bettina Fesenmeier

Heidelinde Foster

Marlies Koenen

Lydia Kunz

Simone Schick

Stefan Jeuk

und

der Cornelsen Redaktion

Primarstufe

Cornelsen

Sprache und Lesen

3

Arbeitsheft
Teil B

Herausgegeben von Stefan Jeuk, Antje Sinemus, Krystyna Strozyk

Erarbeitet von
Petra Dreßler-Quade, Bettina Fesenmeier, Heidelinde Foster, Marlies Koenen, Lydia Kunz, Simone Schick, Stefan Jeuk und der Cornelsen Redaktion Primarstufe

Beratung Yurdakul Çakır-Dikkaya

Begutachtung Winfried Bega, Essen; Ulrike Böhle, Dortmund; Barbara Busch, Langen; Katrin Bütow, Soltau; Ursula Conradt, Stuttgart; Hilde Hess-Steinhauer, Solingen; Reinhild Hoffmann, Herdecke; Ute Jasperneite, Bergisch Gladbach; Christa Kaperlat-Fuß, Bergheim; Gabriele Klaßmann, Paderborn; Sabine Klose, Velbert; Andrea Lühne, Göppingen; Maria Remler, Kaiserslautern; Regine Schröter, Mainz; Eva Skrypnik, Lörrach; Ingrid Weis, Witten; Margarete Westermeier, Borchen

Redaktion Ralf Trinks

Bildredaktion Janin Hacker

Übersetzungen Yurdakul Çakır-Dikkaya (türkisch), Sana Al-Laham (arabisch)

Illustration Sebastian Koch, Alexandra Prosen, Cindy Fröhlich, Thomas Wellendorf

Umschlaggestaltung Katharina Wolff-Steininger und Rosendahl, Berlin

Umschlagillustration Alexandra Prosen

Layoutkonzept Rosendahl Berlin

Layout und technische Umsetzung Kati Klaeske, Berlin

www.cornelsen.de

Die Webseiten Dritter, deren Internetadressen in diesem Lehrwerk angegeben sind, wurden vor Drucklegung sorgfältig geprüft. Der Verlag übernimmt keine Gewähr für die Aktualität und den Inhalt dieser Seiten oder solcher, die mit ihnen verlinkt sind.

1. Auflage, 8. Druck 2022

Alle Drucke dieser Auflage sind inhaltlich unverändert und können im Unterricht nebeneinander verwendet werden.

Aus didaktischen Gründen wurden die Texte gekürzt.

Druck: Athesiadruck GmbH

ISBN 978-3-06-082008-5

Inhaltsverzeichnis

Seitentypen

SPRACHE FÖRDERN

SPRACHE UNTERSUCHEN

SCHREIBEN

RICHTIG SCHREIBEN

LESEN

DAS KANN ICH SCHON (Lernstandsseite)

MEINE SEITE

Das bedeuten die Zeichen:

D Differenzierung
Ü Übersetzung
! Stolperstelle

Zeit für mich

Viele Hobbys

① Schreibe die Hobbys auf die richtigen Karten.

Lesen   Schwimmen   Fußball   Karate   Malen   Schach

Schwimmen		
Schwimmbecken	Schachbrett	Fußballschuhe
Sprungbrett	Dame	Trikot

Staffelei	schwarzer Gürtel	Zeitschriften
Pinsel	Karate-Anzug	Comics

② Schreibe die Wörter auf die richtigen Hobby-Karten.

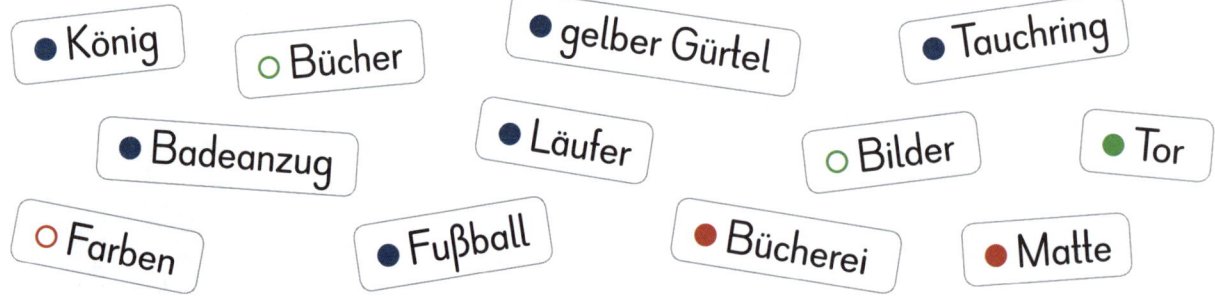

● König   ○ Bücher   ● gelber Gürtel   ● Tauchring
● Badeanzug   ● Läufer   ○ Bilder   ● Tor
○ Farben   ● Fußball   ● Bücherei   ● Matte

1. Oberbegriffe zuordnen
2. Wörtersammlung ergänzen und den Oberbegriffen zuordnen

Ⓓ eigene Hobbykarten schreiben, ggf. ein Partnerkind das Hobby erraten lassen

▸ **zu** BB S. 76–77

Was hast du schon einmal gemacht?

Hast du schon einmal Tennis gespielt?

*Nein, ich habe **noch nie** Tennis gespielt.*

*Ja, ich habe **schon einmal** Tennis gespielt.*

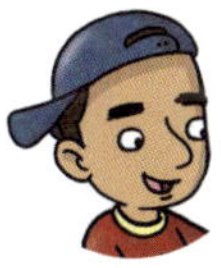

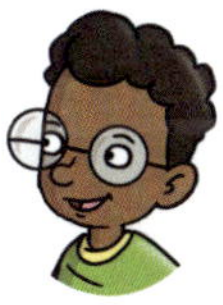

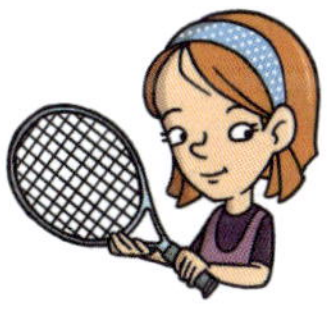

① Frage deinen Partner, was er schon einmal gemacht hat.
Er kann mit *Ja* oder *Nein* antworten.

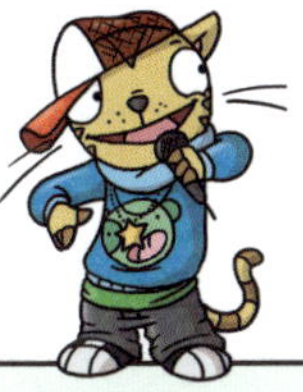

Hast du schon einmal

Klavier gespielt?

ein Buch gelesen?

Hip-Hop getanzt?

Spagetti gekocht?

ein Bild gemalt?

im Chor gesungen?

ein Tor geschossen?

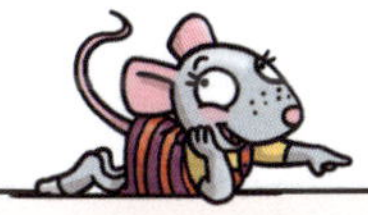

Bist du schon einmal

im Meer geschwommen?

ins Kino gegangen?

auf einen Turm geklettert?

mit dem Zug gefahren?

im Zoo gewesen?

② Schreibe auf, was du schon einmal gemacht hast.

Ich bin schon einmal

Verbsterne

① Ergänze die Verbsterne.

ich freue mich

du _____ dich

sie (alle) _____ sich

er _____ sich

ihr _____ euch — sich freuen

sie _____ sich

wir _____ uns

es _____ sich

---

ich _____ mich

du _____

sie _____

er _____

ihr _____ — sich ärgern

sie _____

wir _____

es _____

---

ich _____

_____

_____

_____ — sich drehen

_____

_____

---

1. Verbsterne: Personalformen von Reflexivverben bilden

Ⓓ selbst Verbsterne zeichnen und beschriften: *sich wünschen, sich beeilen, sich waschen, sich erinnern* usw.

▶ zu BB S. 78–79

Sich freuen oder sich ärgern

① Ergänzt die fehlenden Wörter. Würfelt Sätze.

• Ich freue _____ ,	• weil die Sonne scheint.
•• Du freust _____ ,	•• weil der Regen aufhört.
••• Er/Sie freut _____ ,	••• weil das Fußballspiel stattfindet.
•••• Wir freuen _____ ,	•••• weil der Bus kommt.
••••• Ihr freut _____ ,	••••• weil die Ferien beginnen.
•••••• Sie freuen _____ ,	•••••• weil es heute keine Hausaufgaben gibt.

② Schreibe drei Sätze auf.

_____

_____

_____

_____

_____

③ Ergänze die fehlenden Wörter. Würfle Sätze und schreibe sie auf.

• Ich ärgere _____ ,	• weil es regnet.
•• Du ärgerst _____ ,	•• weil der Schach-Kurs ausfällt.
••• Er/Sie ärgert _____ ,	••• weil das Schwimmbad geschlossen ist.
•••• Wir ärgern _____ ,	•••• weil die Hausaufgabe so schwer ist.
••••• Ihr ärgert _____ ,	••••• weil die Trainerin geschimpft hat.
•••••• Sie ärgern _____ ,	•••••• weil der Fußball ein Loch hat.

Vergangenheit mit *haben*

① Markiere, was sich am Verb verändert.

er kocht   sie malt   sie tanzt   er spielt

er **hat ge**kocht   sie hat gemalt   sie hat getanzt   er hat gespielt

② Schreibe die passenden Verben in die Lücken.

Heute – Gegenwart	Gestern – Vergangenheit
Sie _____ heute Spagetti.	Er _____ gestern Spagetti _____.
Sie _____ heute ein Bild.	Er _____ gestern ein Bild _____.
Sie _____ heute Flamenco.	Er _____ gestern Flamenco _____.

③ Ergänze die Tabelle. Markiere, was sich verändert.

	Heute – Gegenwart	Gestern – Vergangenheit
ich	ich sage	ich habe gesagt
du		
er/sie/es		
wir		
ihr		
sie		

  ④ Schreibe eine solche Tabelle auch für das Verb *spielen* in dein Heft.

1. Hilfsverb und Partizip als Merkmale des Perfekts erkennen; 2. Zeitformen der Verben kontrastiv verwenden

3./4. Verb in allen Personalformen im Präsens und Perfekt konjugieren, Veränderungen am Verb markieren

▸ **zu** BB S. 80–81
▸ Diff.-Block S. 55–56
▸ AH B S. 68

Würfelt und sprecht die Sätze.
Wer den Satz falsch sagt,
setzt eine Runde aus.

⭐ – freie Wahl

Du gewinnst, wenn du auf 🔘 kommst und ⚄ würfelst **oder** zuerst ins Ziel kommst.

ich habe	wir haben
du hast	ihr habt
er hat	sie (alle) haben
sie hat	

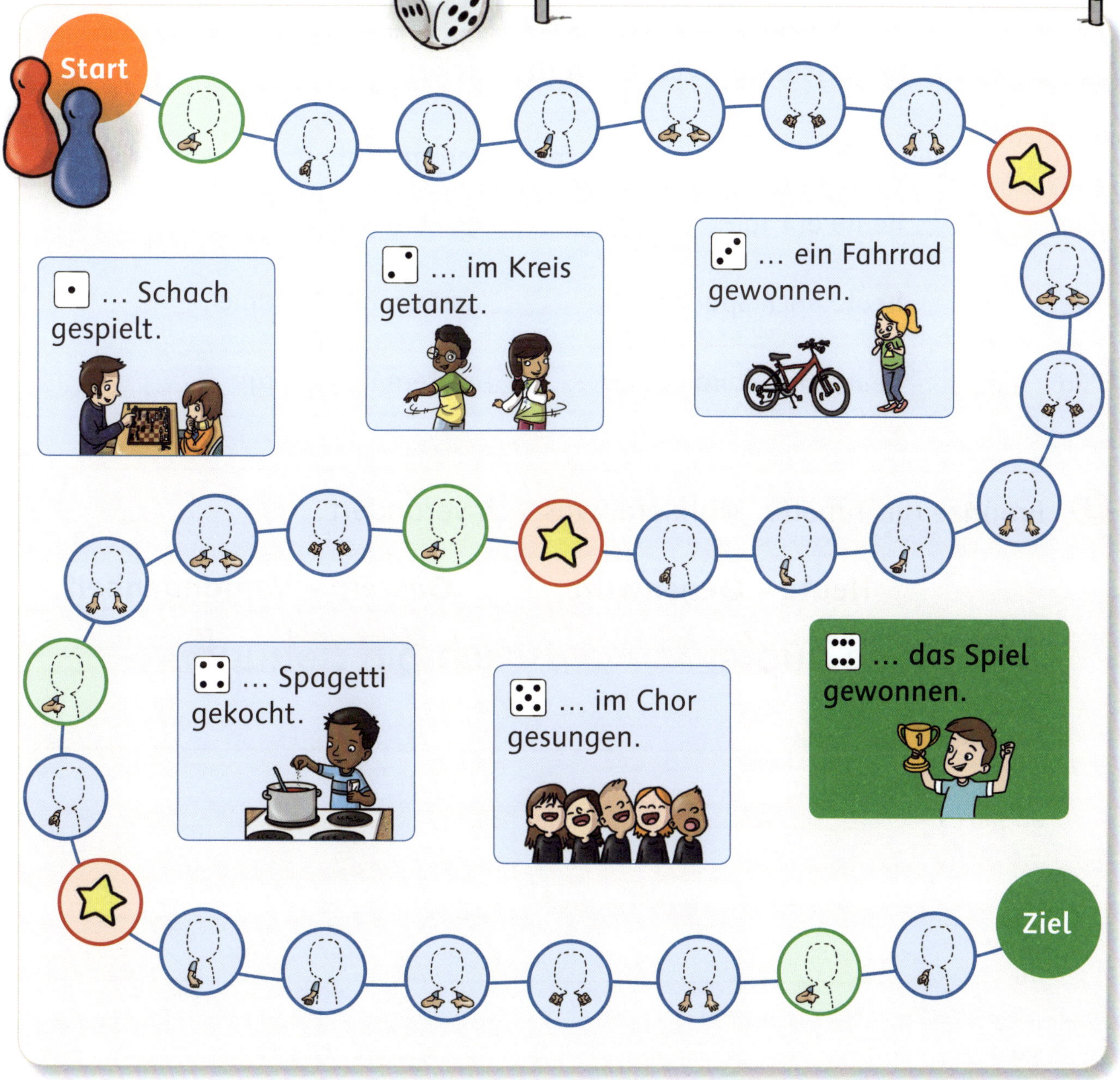

Start

▪ ... Schach gespielt.

⠃ ... im Kreis getanzt.

⠢ ... ein Fahrrad gewonnen.

⠵ ... Spagetti gekocht.

⠿ ... im Chor gesungen.

⚅ ... das Spiel gewonnen.

Ziel

  ① Schreibe fünf Sätze in der Vergangenheit mit *haben* in dein Heft.

Spiel: Personalformen des Perfekts mit dem Hilfsverb *haben* bilden
1. fünf Sätze nach freier Wahl in den Personalformen aufschreiben

🅳 Tabellen für die Verben schreiben wie auf S. 8, Aufgabe ③

Vergangenheit mit *sein*

① Markiere, was sich am Verb verändert.

sie klettert	er verreist	sie wandert	er hüpft
sie **ist ge**klettert	er ist verreist	sie ist gewandert	er ist gehüpft

② Schreibe die passenden Verben in die Lücken.

Heute – Gegenwart	Gestern – Vergangenheit
Sie [_____] heute am Tau.	Er [_____] gestern am Tau [_____].
Sie [_____] heute nach Spanien.	Er [_____] gestern nach Spanien [_____].
Sie [_____] heute im Gebirge.	Er [_____] gestern im Gebirge [_____].

③ Ergänze die Tabelle. Markiere, was sich verändert.

	Heute – Gegenwart	Gestern – Vergangenheit
ich	ich hüpfe	ich **bin gehüpft**
du		
er/sie/es		
wir		
ihr		
sie		

  ④ Schreibe eine solche Tabelle auch für das Verb *fahren* in dein Heft.

1. Hilfsverb und Partizip als Merkmale des Perfekts erkennen; 2. Zeitformen der Verben kontrastiv verwenden 3./4. Verb in allen Personalformen im | Präsens und Perfekt konjugieren, Veränderungen am Verb markieren

► zu BB S. 80–81
► Diff.-Block S. 57–58
► AH B S. 69

Würfelt und sprecht die Sätze.
Wer den Satz falsch sagt,
setzt eine Runde aus.
⭐ – freie Wahl
Du gewinnst, wenn du auf 🎳 kommst und ⚅ würfelst
oder zuerst ins Ziel kommst.

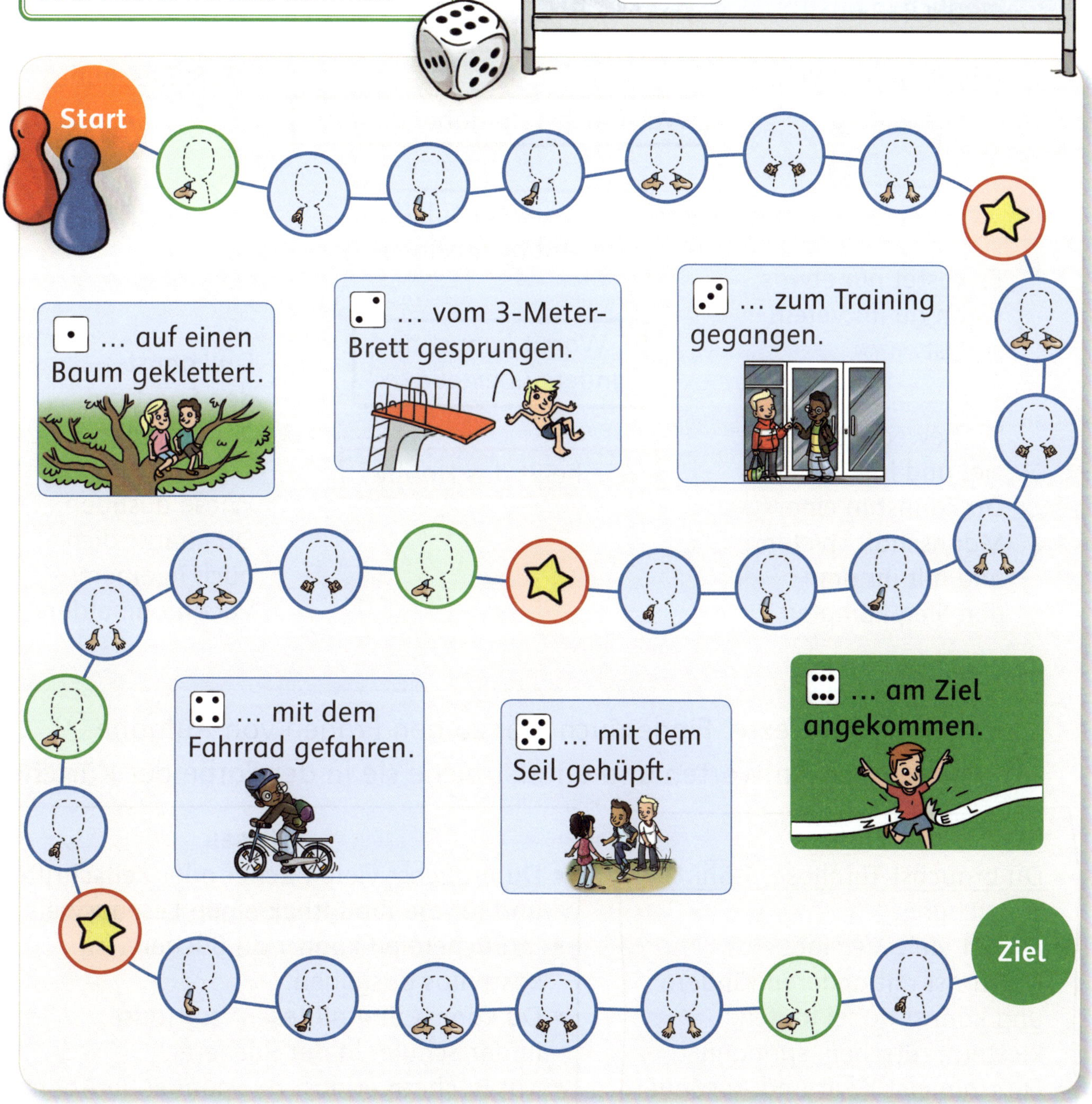

ich bin   wir sind
du bist   ihr seid
er ist   sie (alle) sind
sie ist

Start

… auf einen Baum geklettert.

… vom 3-Meter-Brett gesprungen.

… zum Training gegangen.

… mit dem Fahrrad gefahren.

… mit dem Seil gehüpft.

… am Ziel angekommen.

Ziel

 ① Schreibe fünf Sätze in der Vergangenheit mit *sein* in dein Heft.

Spiel: Personalformen des Perfekts mit dem Hilfsverb *sein* bilden
1. fünf Sätze nach freier Wahl in den Personalformen aufschreiben

🄳 Tabellen für die Verben schreiben wie auf S. 10, Aufgabe ④

Mein schönstes Hobby

① Suche zu jeder Frage den passenden Text. Verbinde die Fragen mit dem passenden Kasten. Eine Frage musst du selbst beantworten.

Du versuchst mit deiner Mannschaft, den Ball so oft wie möglich in das Tor der anderen Mannschaft zu schießen.

Was brauchst du für das Hobby?

Du brauchst einen Fußball und zwei Tore. Es ist gut, wenn du Fußballschuhe hast.

Wie viel kostet das Hobby?

Was machst du dabei genau?

Es kostet nur etwas, wenn du im Verein spielst.

Wo kannst du das Hobby ausüben?

Womit kannst du andere überzeugen?

Du bewegst dich viel und bleibst fit. Du kannst in einer Mannschaft spielen und mit ihr um den Sieg kämpfen.

Wie heißt das Hobby?

Du kannst den Sport auf dem Schulhof oder auf einer Wiese ausüben. Du kannst dich auch in einem Verein anmelden.

② Lies die beiden Texte. Finde auch hier zu den Fragen von Aufgabe ① die passenden Antworten und unterstreiche sie in der Farbe der Kärtchen.

Turnen
- Du brauchst Turnhose, T-Shirt, Turnschuhe.
- Es gibt viele Vereine.
- Du turnst mit anderen Kindern und kannst dabei laufen, klettern, rutschen, springen.
- Du trainierst Kraft und Ausdauer und oft finden Sportfeste statt.
- nicht teuer: etwa 5 € im Monat

Lesen
- Du brauchst viele Bücher oder Zeitschriften und für die Bibliothek einen Leseausweis.
- In Büchereien kannst du Bücher kostenlos ausleihen.
- Du kannst überall lesen: zu Hause, in der Schule, in der Bücherei.
- Mit Büchern erlebst du spannende Abenteuer.
- Du kannst nur für dich allein lesen oder anderen etwas vorlesen.

① Wähle ein Hobby aus und schreibe deine Stichworte auf.
Du kannst auch die Stichworte von S. 12 verwenden.

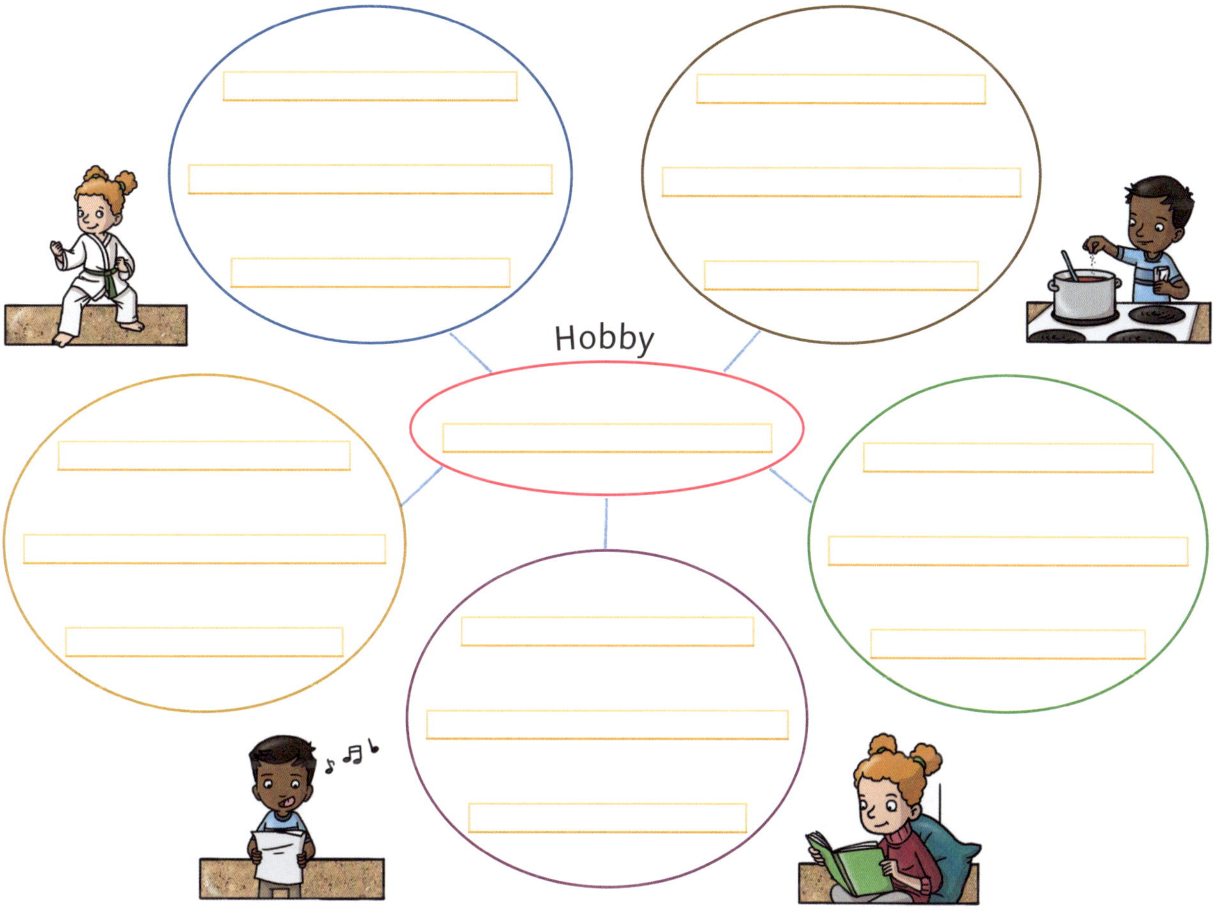

Hobby

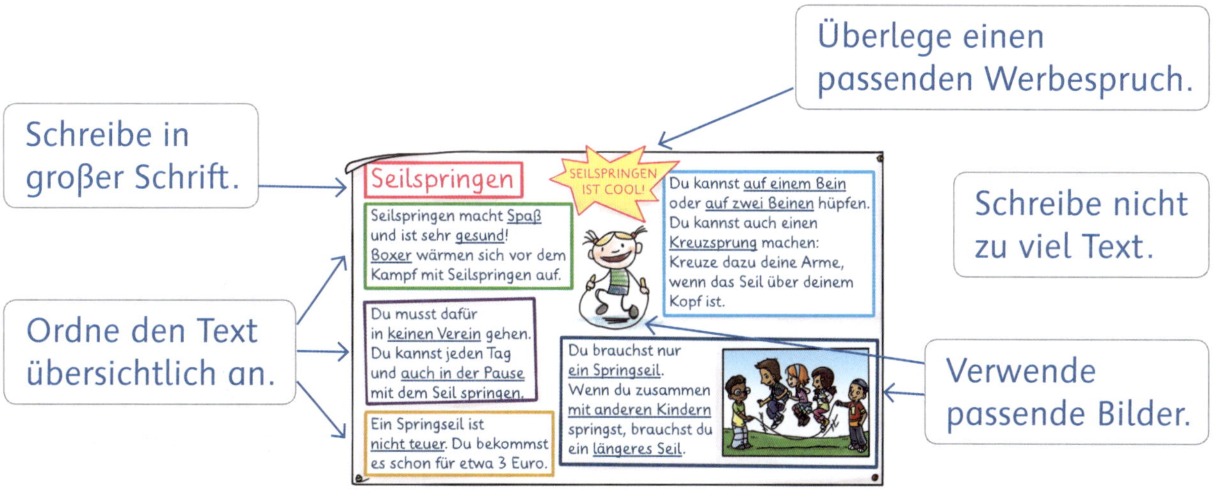

Überlege einen passenden Werbespruch.

Schreibe in großer Schrift.

Seilspringen

SEILSPRINGEN IST COOL!

Seilspringen macht Spaß und ist sehr gesund!
Boxer wärmen sich vor dem Kampf mit Seilspringen auf.

Du kannst auf einem Bein oder auf zwei Beinen hüpfen. Du kannst auch einen Kreuzsprung machen: Kreuze dazu deine Arme, wenn das Seil über deinem Kopf ist.

Schreibe nicht zu viel Text.

Ordne den Text übersichtlich an.

Du musst dafür in keinen Verein gehen. Du kannst jeden Tag und auch in der Pause mit dem Seil springen.

Du brauchst nur ein Springseil. Wenn du zusammen mit anderen Kindern springst, brauchst du ein längeres Seil.

Ein Springseil ist nicht teuer. Du bekommst es schon für etwa 3 Euro.

Verwende passende Bilder.

② Gestalte ein eigenes Plakat. Das Beispiel hilft dir.
Wie kannst du andere am besten überzeugen?

1. Ideennetz für ein vorgegebenes oder ein selbst gewähltes Hobby erstellen
2. eigenes Plakat nach Muster gestalten

D Werbesprüche/Slogans für verschiedene Hobbys oder andere Dinge ausdenken

Wörter haben einen Wortstamm

① Suche im Text die Wörter aus der Wortfamilie *kochen*.
Unterstreiche den Wortstamm und schreibe die Wörter auf.

Umut kocht gerne. Dazu zieht er die Kochschürze an.
Spagetti hat er schon oft gekocht. Er holt den Kochtopf
und einen Kochlöffel. Wenn das Wasser kocht, kommen die Spagetti
in den Topf. Mit dem Kochlöffel rührt Umut die Spagetti mehrmals um.
Er probiert sie, damit sie nicht verkochen. Manchmal hilft er auch
seinem Vater, ein Kochrezept für die Nudelsoße auszusuchen.

Wortfamilie kochen: **kocht,**

② Setze die Wörter mit dem Wortstamm SPIEL ein.
Unterstreiche dann im Text den Wortstamm.

- Brettspiel
- Spielsachen
- Spiel
- Spielgeld
- Spielplatz
- Spielregeln
- spielen

Natalia und Emira spielen zusammen.

Sie überlegen, ob sie zum _____ gehen sollen.

Aber sie bleiben in Natalias Zimmer. Aus dem Regal mit

den _____ suchen sie ein _____ aus.

Natalia erklärt die _____.

Dann verteilt sie das _____.

Das _____ dauert bis zum Abend.

③ Welche Wörter aus der Wortfamilie MAL fallen dir ein? Schreibe sie auf.

14

1. Wörter einer Wortfamilie erkennen und
aufschreiben, den Wortstamm markieren
2. Wörter aus einer Wortfamilie in einen
Text einsetzen

3. selbst Wörter aus einer Wortfamilie
zusammenstellen; ◨ Übung auf weitere
Wortfamilien ausdehnen

▸ zu BB S. 86–87
▸ Diff.-Block S. 61–62

① Bilde Wörter und ordne sie in die Tabelle. In manchen Wörtern verändert sich der Wortstamm: Aus a wird ä und aus au wird äu.

er ge **turn** **Turn** t en schuhe halle

er ver **schläf** **schlaf** **Schlaf** t en zimmer anzug

sie **läuf** **lauf** **Lauf** **Läuf** t en rad schuhe er

turn – Turn	schläf – schlaf – Schlaf	lauf – läuf – Lauf – Läuf
er turnt		

② Schreibe den Text in dein Heft ab.

Janek fährt mit Timo zum Spielplatz.
Sie wollen zusammen Fußball spielen.
Janek steht am liebsten im Tor.
Timo ist ein guter Stürmer.
Bald kommen noch andere Mitspieler.
So toll haben sie schon lange
nicht mehr gespielt.

	ja	nein
③ Kontrolliere: Hast du alle Satzanfänge großgeschrieben?	☐	☐
Hast du alle Nomen großgeschrieben?	☐	☐

▶ zu BB S. 86–87
▶ AH B S. 79

1. Wörter mit dem Wortstämmen turn, lauf, schlaf bilden und in die Tabelle ordnen; Wortstamm markieren
❗ Stammumlautung bei a und au

2./3. Text gemäß der bekannten Strategie abschreiben; Überprüfungsfragen durch Ankreuzen beantworten

15

Ich spiele nie mehr Fußball

① Lies den Text. Wer sagt was? Male immer die Kreise vor den Sätzen in der passenden Farbe an. Markiere auch die Sätze.

Alex war den ganzen Nachmittag bei Robin, seinem neuen Freund. Als er zum Abendbrot nach Hause kam, sagte er:

🔵 „Ich möchte Tennis spielen."

🟢 „Tennis?" Papa zog die Augenbrauen hoch. „Wie kommst du denn darauf?"

Alex zuckte mit den Schultern.

◯ „Ich hab einfach Lust dazu."

◯ „Ach", sagte Mama. „Einfach so?"

◯ „Ja", brummte Alex.

◯ Mama schüttelte den Kopf. „Vor einem halben Jahr mussten wir dir unbedingt Kickschuhe fürs Fußballtraining kaufen. Seit ein paar Wochen liegst du uns in den Ohren, weil du Handball spielen willst. Jetzt soll es plötzlich Tennis sein. Und womit kommst du dann nächste Woche an?"

◯ „Mit gar nichts!"

◯ „Ich bin ja auch dafür, dass du Sport treibst. Aber nicht alle paar Wochen einen andern."

◯ „Mama hat recht", mischte sich jetzt Papa wieder ein. „Du kannst nicht alles anfangen und dann wieder aufhören. Das geht nicht. Du musst endlich mal bei einer Sache bleiben."

1. in einem dialogischen Text die Rede-
teile den Protagonisten zuordnen und ihn
damit für das szenische Lesen vorbereiten

▶ zu BB S. 88–89
▶ Diff.-Block S. 63–64

○ „Fußball ist blöd", murmelte Alex.
„Da treten sie einem immer in die Beine. Ich spiele nicht mehr Fußball!"
Alex nahm sich eine Scheibe Brot und ein Stück Käse.

○ Mama guckte ihn an. „Mich würde schon interessieren,
wie du gerade auf Tennis kommst."

○ „Ich war mit Robin auf dem Tennisplatz", antwortete Alex.
„Da habe ich zugeschaut, wie sie spielen.
Das hat mir gut gefallen. Beim Tennis wird man
auch nicht getreten und gestoßen wie beim Fußball.
Da spielt jeder allein auf seiner Seite.
Das finde ich viel besser."

○ „So, so", sagt Papa nur.

○ „Na ja", sagte Mama. „Vielleicht ist Tennis wirklich besser für dich
als Fußball. Aber komm mir bitte nicht nächste Woche schon wieder
mit einem anderen Sport an."

○ „Bestimmt nicht",
versprach Alex und biss kräftig von seinem Käsebrot ab.

Manfred Mai

② Lest den Text mit verteilten Rollen vor.
Markiert dazu noch gelb, was der Erzähler oder die Erzählerin sagt.
Die grauen Sätze lest ihr nicht laut vor.

Ich lese Alex.

Ich lese den Papa.

Ich lese die Mama.

Ich lese die Erzählerin.

2. Text mit verteilten Rollen einüben und
vor Publikum vorlesen

▶ Rückmeldungen zum Vortrag geben
(Stimme, Tempo, Pausen, Erzählerrolle)

① Ergänze die Tabelle mit den Verben in der Vergangenheit.

	lernen	**fahren**
ich	ich habe gelernt	ich bin gefahren
du		
er/sie/es		
wir		
ihr		
sie		

☺ 😐 ☹

② Schreibe die Verben in der Vergangenheitsform in die Lücken.

Umut [ ] gestern für das Radturnier [ ].   (hat)–(ge übt)

Erst [ ] er im Kreis [ ].   (ist)–(ge fahren)

Dann [ ] er den Bremstest [ ].   (hat)–(ge macht)

Am Ende [ ] er noch [ ],   (hat)–(ge lernt)
wie man richtig abbiegt.

☺ 😐 ☹

③ Unterstreiche immer den Wortstamm.
Welches Wort gehört nicht in die Wortfamilie? Streiche es durch.

LES	ZAHN	ZAHL	KAUF
Lesebuch	Zahnlücke	Zahl	Verkäufer
Besen	Löwenzahn	er zählt	einkaufen
vorlesen	Zahnarzt	bezahlen	Läufer
gelesen	Fahne	verzählen	Verkäuferin
Vorleserin	Milchzahn	wählen	Kaufhaus

☺ 😐 ☹

1. Verben mit den Hilfsverben *haben* und *sein* im Perfekt konjugieren
2. Verben im Perfekt einsetzen
■ Prädikatsklammer
3. Wortstämme unterstreichen; Wörter aus anderen Wortfamilien erkennen

Witze

Benni ist zum ersten Mal im Schach-Kurs. Er beschwert sich bei seinem Lehrer:
„Wie soll ich denn mit Ihnen Schach spielen? Sie nehmen mir ja dauernd die Figuren weg!"

Karina fährt mit ihrem Fahrrad auf dem Gehweg. Von hinten fährt sie ganz knapp an einer Fußgängerin vorbei. Die Fußgängerin ist wütend. Sie ruft Karina zu: „Kannst du nicht klingeln?" Karina ruft zurück: „Doch, aber ich wollte Sie nicht erschrecken!"

① In diesen Witzen stehen die Sätze in der falschen Reihenfolge. Nummeriere sie richtig.

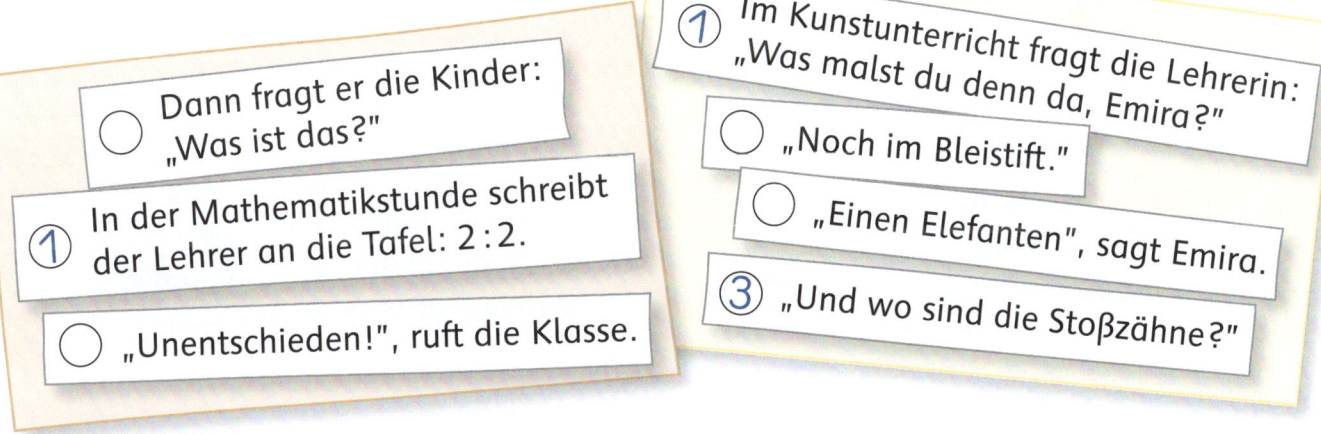

○ Dann fragt er die Kinder: „Was ist das?"

① In der Mathematikstunde schreibt der Lehrer an die Tafel: 2 : 2.

○ „Unentschieden!", ruft die Klasse.

① Im Kunstunterricht fragt die Lehrerin: „Was malst du denn da, Emira?"

○ „Noch im Bleistift."

○ „Einen Elefanten", sagt Emira.

③ „Und wo sind die Stoßzähne?"

② Schreibe deinen Lieblingswitz auf.

Mein Lieblingswitz

Computer-Bingo

① Spielt das Bingo zu viert. Ein Kind leitet das Spiel
und liest die blau gedruckten Begriffe vor.
Die anderen Kinder legen immer ein Plättchen auf ein passendes Feld.
Gewonnen hat, wer zuerst eine Reihe oder eine Spalte belegt hast.

	Man nennt ihn auch Bildschirm.	Tastatur ●	Damit kannst du Symbole auf dem Bildschirm anklicken.
Maus ●	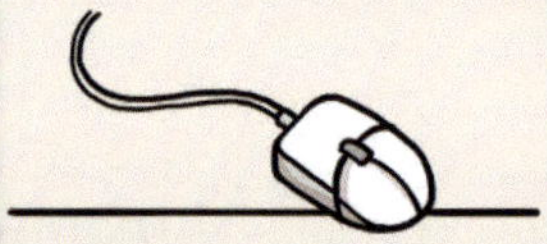	Damit kannst du Texte tippen.	Drucker ●
Damit kannst du Texte und Bilder ausdrucken.	Monitor ●	Darauf kannst du sehen, was du am Computer gerade machst.	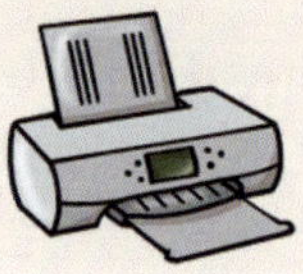
Damit kannst du diesen Pfeil über den Monitor bewegen.	Manche brauchen eine Tintenpatrone.		Hier findest du die Löschtaste und die Eingabetaste.

② Male die zusammenpassenden Felder nach dem Spiel
in der gleichen Farbe aus.

③ Schreibe die Erklärungen in dein Heft:
die Tastatur – Damit kannst du Texte tippen.

④ Schreibe noch eigene Erklärungen zu anderen Computer-Begriffen dazu:
die E-Mail, der Link, das Internetprogramm …

1.–3. Wortschatz *Computer*; Lesen und
Verstehen von Definitionen
❗ jeweils zwei Definitionen pro Begriff

4. eigene Definitionstexte formulieren

▶ **zu** BB S. 92–93
▶ Diff.-Block S. 65

Für Fachleute

① Verbinde, was zusammengehört. Sprich einem anderen Kind die Begriffe richtig vor. Schreibe die Sätze auf.

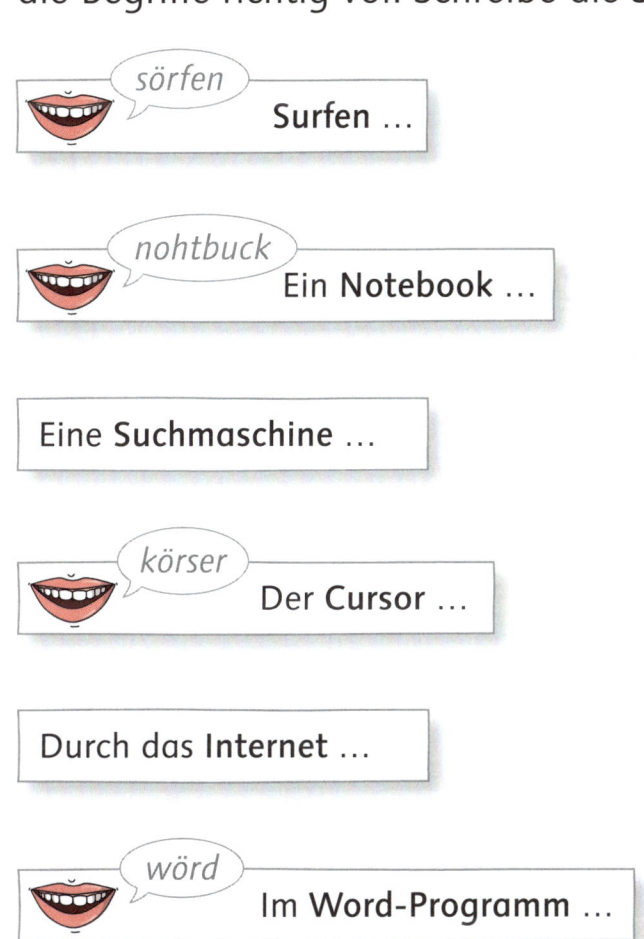

sörfen
Surfen …

nohtbuck
Ein **Notebook** …

Eine **Suchmaschine** …

körser
Der **Cursor** …

Durch das **Internet** …

wörd
Im **Word-Programm** …

ist ein tragbarer Computer.

kannst du Texte schreiben.

zeigt die Stelle an, an der du gerade schreibst.

sind Computer auf der ganzen Welt verbunden.

nennt man das Springen von Internetseite zu Internetseite.

ist ein Programm, mit dem du Informationen zu einem Thema suchen kannst.

② Immer ein Computer-Begriff und zwei Bilder gehören zusammen. Verbinde sie.

Wort

surfen   Word   Notebook   Maus

  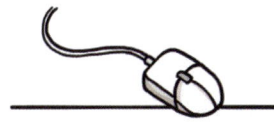 

Satzglieder umstellen

① Würfle und schreibe drei sinnvolle Sätze auf.

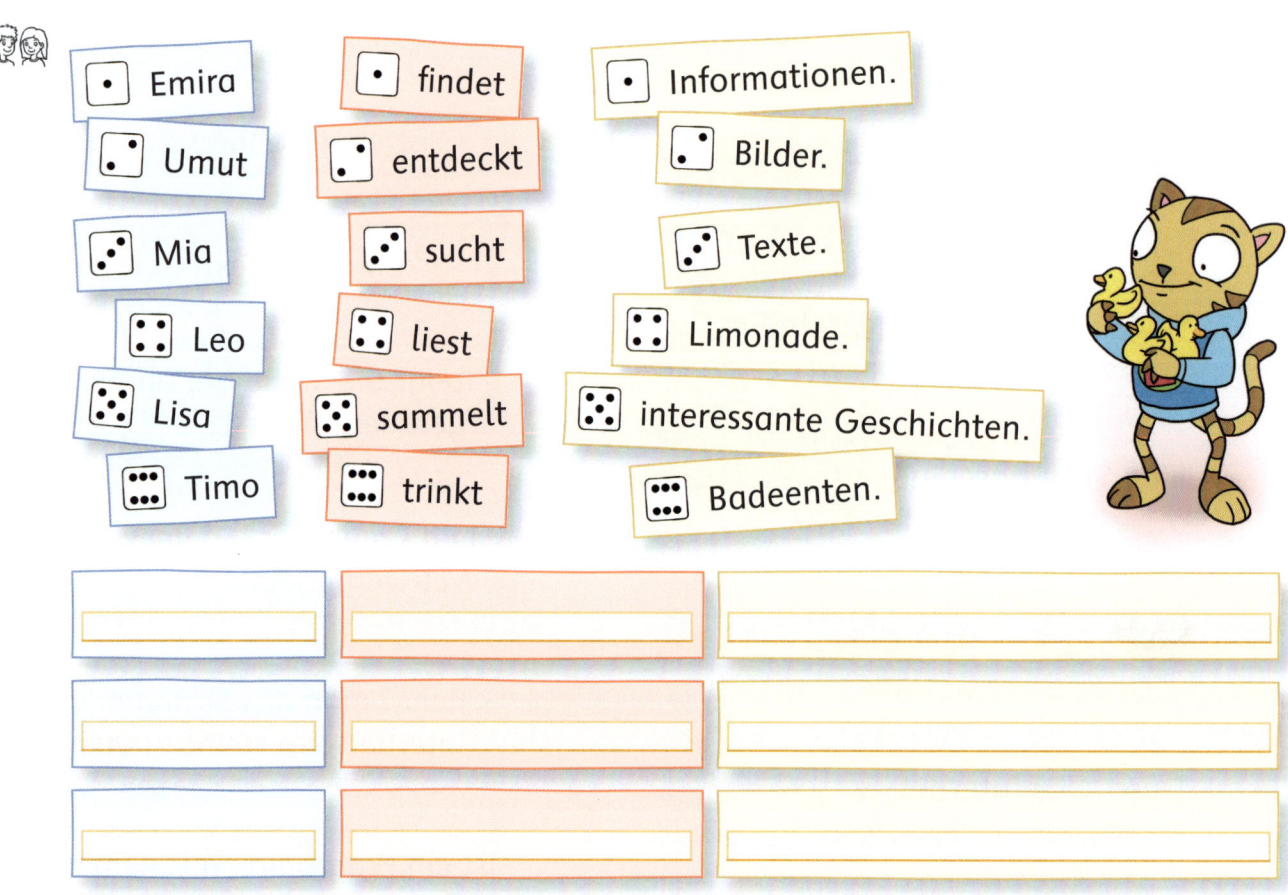

· Emira	· findet	· Informationen.
:· Umut	:· entdeckt	:· Bilder.
∴ Mia	∴ sucht	∴ Texte.
:: Leo	:: liest	:: Limonade.
::· Lisa	::· sammelt	::· interessante Geschichten.
::: Timo	::: trinkt	::: Badeenten.

Ein Satz besteht aus mehreren Teilen. Du kannst die Teile **umstellen**. Die Teile des Satzes, die beim Umstellen immer zusammenbleiben, heißen **Satzglieder**.

② Stelle die Satzglieder um. Denke daran: Am Satzanfang schreibst du groß.

③ Denke dir eigene Sätze aus und schreibe sie auf.
Stelle auch in diesen Sätzen die Satzglieder um.

1./3. Sätze mit Akkusativobjekten bilden und aufschreiben; 2./3. Satzglieder umstellen

🅳 Sätze auf Satzstreifen satzgliedweise auseinanderschneiden; Umstellung erproben

▸ zu BB S. 96 – 97
▸ Diff.-Block S. 66 – 67
▸ AH B S. 72

④ Stelle die Satzglieder um und schreibe sie auf.

⑤ Kreise immer das Verb rot ein.

| Heute | (bekommt) | Mias Familie | einen Computer |

Mias Familie (bekommt) heute einen Computer.
Einen Computer

| Nach der Schule | rennt | Mia | nach Hause |.

| Der Computer | steht | jetzt | auf dem Schreibtisch |.

| Mia | schreibt | ihrer Freundin | eine E-Mail |.

| Emira | antwortet | am Abend | mit einer SMS |.

Satzglieder umstellen: Fragesätze bilden

① Kreise zuerst immer das Verb rot ein.

② Stelle dann die Satzglieder um und schreibe Fragen auf.

Mia (mag) Gespenster.

(Mag) Mia Gespenster?

Sie (möchte) darüber einen Vortrag halten.

_____

Sie sucht Informationen.

_____

Sie benutzt den neuen Computer.

_____

Viele Texte sind im Internet.

_____

Mia entdeckt Bilder.

_____

Zum Schluss gestaltet sie ein Gespensterplakat.

_____

③ Kreise auch in den Sätzen mit den umgestellten Satzgliedern immer das Verb rot ein und male die Pfeile.

> Du kannst die Satzglieder in einem Satz so umstellen, dass aus einem **Aussagesatz** ein **Fragesatz** wird.

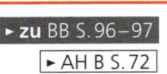

1. Aussagesätze zu Fragesätzen umstellen
2. Verbstellung im Fragesatz üben; Fragezeichen setzen
3. Prädikate und Prädikatstellung markieren

► **zu** BB S. 96–97
► AH B S. 72

Satzglieder umstellen: Sätze verbessern

① Lies die Sätze. Was fällt dir auf? Stelle die Satzglieder um.

| Mia | im Keller | Gespenster | (sucht) .

Mia sucht

| Mia | im Keller | (findet) | keine Gespenster .

| Gespenster | unter dem Bett | (sucht) | Mia .

| keine Gespenster | unter dem Bett | (findet) | Mia .

| Mia | im Badezimmer | Gespenster | (sucht) .

| da | ein Gespenst | in der Badewanne | (sitzt) !

| mit einem Gummitier | es | (spielt) | im Wasser .

② Vergleiche deine umgestellten Sätze
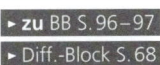 mit einem anderen Kind.

Meine Gespenstergeschichte

① Male dein Gespenst und schreibe einen Steckbrief.

Das ist mein Gespenst.

Steckbrief

Name des Gespensts:

Was ist besonders an deinem Gespenst?

② Plane deine Geschichte. Schreibe **nur Stichworte** auf.

Wer kommt vor?

Wo spielt die Geschichte?

Was passiert?

Wie geht deine Geschichte weiter? Denke auch an ein Ende.

③ Was soll in deiner Geschichte passieren?
Male Bilder dazu und schreibe Stichworte auf.

Es war einmal …
An einem schönen Tag …

Dann …
Danach …
Plötzlich …
Auf einmal …

Schließlich …
Später …
Da …
Zum Schluss …

 ④ Schreibe deine Geschichte mit dem Computer oder in dein Heft.

 ⑤ Überarbeitet eure Geschichten.

3. Vorbereitung der Fantasiegeschichte in
Stichworten und Bildern

4./5. Schreiben/Überarbeiten der geplan-
ten und vorbereiteten Fantasiegeschichte

Texte verbessern

① Lies Umuts Gespenstergeschichte.

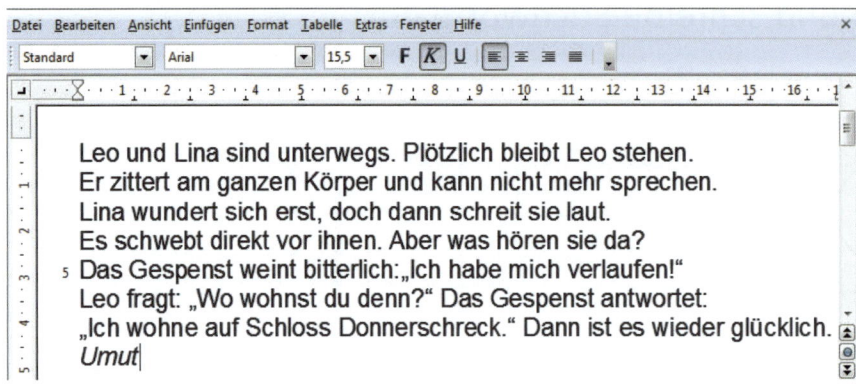

| Datei | Bearbeiten | Ansicht | Einfügen | Format | Tabelle | Extras | Fenster | Hilfe |

Standard | Arial | 15,5 | **F** *K* U

> Leo und Lina sind unterwegs. Plötzlich bleibt Leo stehen.
> Er zittert am ganzen Körper und kann nicht mehr sprechen.
> Lina wundert sich erst, doch dann schreit sie laut.
> Es schwebt direkt vor ihnen. Aber was hören sie da?
> 5 Das Gespenst weint bitterlich: „Ich habe mich verlaufen!"
> Leo fragt: „Wo wohnst du denn?" Das Gespenst antwortet:
> „Ich wohne auf Schloss Donnerschreck." Dann ist es wieder glücklich.
> *Umut*

② Lies, was Emira und Mia an Umuts Geschichte gut finden und
welche Fragen sie haben. Sortiere ihre Fragen und Tipps in die Tabelle.

Du hast oft wörtliche Rede benutzt.

Wieso ist das Gespenst wieder glücklich?

Du hast passende Wörter gefunden wie „schweben".

Am Anfang weiß man nicht, wen Leo und Lina treffen.

Wie kommt das Gespenst am Ende nach Hause?

Das war gut:	**Das verstehe ich nicht:** **Ich habe eine Frage:**
	Am Anfang weiß man nicht, wen Leo und Lina treffen.

③ Wie kann Umut seine Geschichte noch verbessern?
Schreibe deine Tipps auf.

1./2. „Geschichtenlupe" als Methode zur
Textüberarbeitung nachvollziehen

3. eigene Tipps zur Verbesserung der
Geschichte geben

► **zu** BB S. 101

④ Lies die Geschichte.

Datei Bearbeiten Ansicht Einfügen Format Tabelle Extras Fenster Hilfe   ✕

Standard ▾   Arial ▾   15,5 ▾   F *K* U ≡ ≡ ≡ ≡

⌐ · · ⫰ · · 1 · · 2 · · 3 · · 4 · · 5 · · 6 · · 7 · · 8 · · 9 · · 10 · · 11 · · 12 · · 13 · · 14 · · 15 · · 16

Ein Gespenst in der Schule
In Timos Geschichte kommt ein gruseliges Gespenst vor.
Emira und Umut bekommen große Angst. Mia fängt auch
schon an zu zittern. Dann geht das Licht aus. Frau Koch versucht,
die Kinder zu beruhigen. Plötzlich öffnet sich ganz langsam
5 die Tür und eine weiße Gestalt mit riesigen dunklen Augen
kommt herein. In ihrer Hand hat sie einen großen Schlüsselbund,
mit dem sie laut rasselt. Alle Kinder schreien und verstecken sich
unter ihren Bettdecken. Deswegen sehen sie gar nicht,
dass das Gespenst seinen Umhang auszieht. Nur Timo wagt
10 einen kurzen Blick und muss dann ganz laut lachen.
In der Tür steht der Hausmeister.
Lisa

⑤ Was hat dir in der Gespenstergeschichte gut gefallen?

_____

_____

⑥ Was hast du nicht verstanden? Welche Tipps kannst du Lisa geben?
Schreibe es in die Tabelle.

Das verstehe ich nicht: **Ich habe eine Frage:**	**Tipps**

4./5. „Geschichtenlupe" als Methode zur
Textüberarbeitung anwenden und 6. eigene Tipps zur Verbesserung der Geschichte
geben

29

Du schreibst ein Wort mit **ä**, wenn es ein verwandtes Wort mit **a** gibt.
Du schreibst ein Wort mit **äu**, wenn es ein verwandtes Wort mit **au** gibt.

Wortfamilien: Wörter mit *ä* und *äu* ableiten

① Schreibe zu jedem Wort ein verwandtes Wort.
Markiere, wo sich der Wortstamm verändert.

Wörter mit *ä*	Wörter mit *a*	Wörter mit *äu*	Wörter mit *au*
das Rätsel →	raten	→	der Traum
er trägt →		der Läufer →	
zählen →		→	das Haus
→	der Kamm	der Räuber →	
die Wäsche →		der Verkäufer →	
→	kalt	→	der Baum
die Wärme →		aufräumen →	

② **ä** oder **e**? **äu** oder **eu**?
Prüfe, ob es ein verwandtes Wort mit *a* oder *au* gibt.

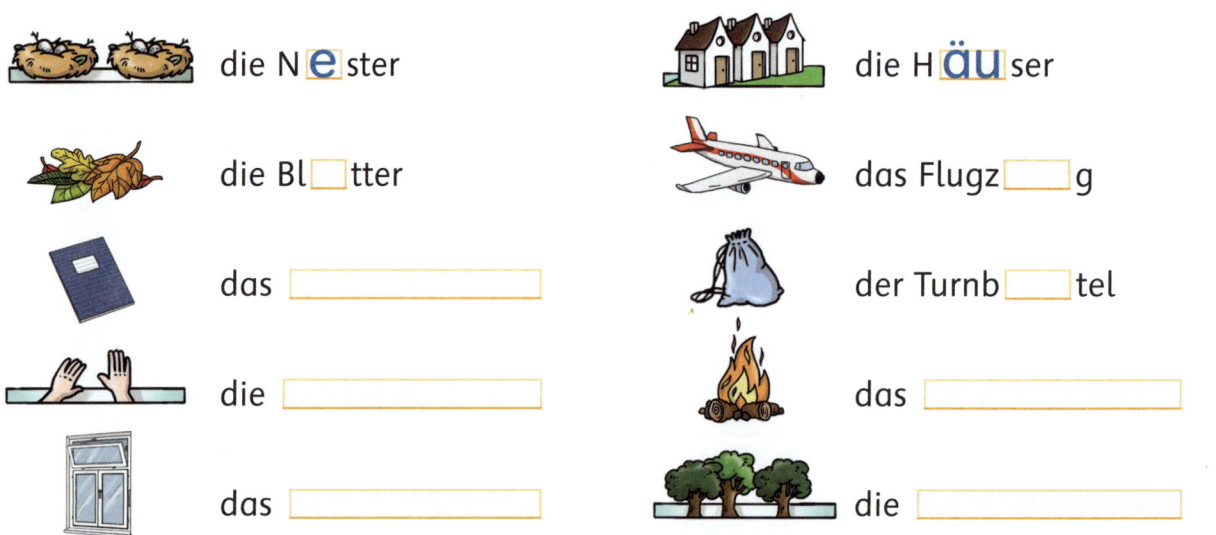

die N**e**ster   die H**äu**ser

die Bl☐tter   das Flugz☐g

das ☐   der Turnb☐tel

die ☐   das ☐

das ☐   die ☐

1. Wörter mit ä bzw. äu von Wörtern mit a bzw. au ableiten   2. Wörter mit ä oder e bzw. äu oder eu: Ableiten als Rechtschreibstrategie

► **zu** BB S. 102–103
► Diff.-Block S. 71–72
► AH B S. 79

③ **ä** oder **e**? **äu** oder **eu**? Schreibe immer ein verwandtes Wort mit **a** oder **au** dahinter, wenn du **ä** oder **äu** eingesetzt hast.

H☐te halten die Kinder Vortr☐ge.   ▭

Zuerst hängen sie Plakate an die W☐nde.   ▭

Dann sagt jedes Kind, worum es in seinem Vortrag g☐ht.

Zuletzt h☐lt Umut seinen Vortrag.   ▭

Er weiß alles über B☐me.   ▭

Am Ende verteilt er noch Arbeitsbl☐tter   ▭

an allen Pl☐tzen.   ▭

Alle Kinder fr☐en sich, dass sie so viel gel☐rnt haben.

④ Schreibe den Text ab.

> Heute ist Mia sehr aufgeregt. Sie hält in
> ihrer Klasse einen Vortrag über Gespenster.
> Zuerst hängt sie ihr Plakat auf und trägt
> ihren Text vor. Dann stellt sie Rätselfragen.
> Danach verteilt sie Arbeitsblätter.
> Zum Schluss klatschen alle. Mia muss lächeln.

⑤ Unterstreiche im Text alle Wörter mit **ä** und schreibe sie heraus. Schreibe immer das verwandte Wort mit **a** dazu.

sie hält – halten, sie hängt – der Hang,

3. Wörter mit ä/e bzw. äu/eu: Ableiten
als Rechtschreibstrategie; 4.Text strategie-
gemäß abschreiben

5. Abschreibtext kontrollieren: Wörter mit
ä ableiten

31

So könnte es 2025 aussehen

Unser Alltag ist ohne Computer nicht mehr denkbar.
Computer steuern Fließbänder, überwachen den Straßenverkehr und werden im Krankenhaus gebraucht.
Computer können den Menschen viel Arbeit abnehmen.
5 Demnächst werden Computer im Supermarkt kassieren
und den Autofahrern das Lenken abnehmen.

Wenn Herr Lohmann im Jahr 2025 von der Arbeit kommt,
steigt er vielleicht schon auf der Straße aus dem Auto.
Der Wagen lenkt sich selbst in die Garage.
10 Sobald er sich der Haustür nähert, erkennt ihn
die Videokamera am Eingang, öffnet die Tür
und begrüßt ihn: „Hallo, Herr Lohmann.
Ich hoffe, Sie hatten einen angenehmen Tag!"

Wenn er seinen Mantel an die Garderobe hängt,
15 stellt die Überwachungskamera fest, dass dieser gereinigt
werden muss, und ruft bei der Reinigung um die Ecke an.

Das automatische Badezimmer lässt das Wasser
einlaufen und schickt Herrn Lohmann eine SMS,
dass er gleich baden kann. Während Herr Lohmann
20 badet, schickt der Mikrowellenherd eine E-Mail an
den Kühlschrank, und der liefert über ein Fließband
die tiefgekühlte Mahlzeit zum Aufwärmen.
Nach dem Baden isst Herr Lohmann, aber als er
zum zweiten Mal Nachtisch nehmen will,
25 mahnt ihn der Gesundheitssensor:
„Das sind 200 Kalorien zu viel!"

Norbert Golluch

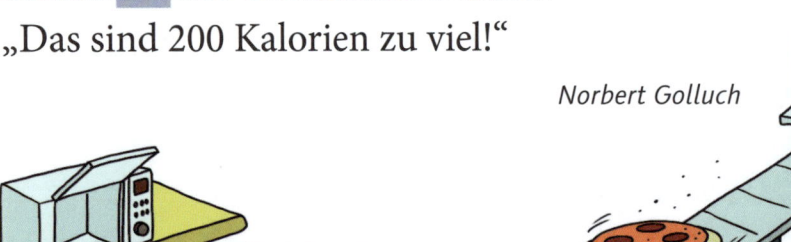

▸ zu BB S. 104–105
▸ Diff.-Block S. 73–74

① Lies den Text. Welche Antwort ist richtig? Kreuze sie an.
Schreibe dazu, in welcher Zeile die richtige Antwort steht.

a) Welche Aufgaben haben Computer in unserem Alltag heute?

☐ Sie räumen die Regale im Supermarkt ein.

☐ Sie überwachen den Straßenverkehr und steuern Fließbänder.

☐ Sie betanken Autos.

Die richtige Antwort steht in den Zeilen ⬜.

b) Wie begrüßt die Videokamera Herrn Lohmann im Jahr 2025?

☐ „Hallo, Herr Lohmann, ich hoffe, Sie hatten einen angenehmen Tag!"

☐ „Hallo, Herr Lohmann, ich wünsche Ihnen einen angenehmen Abend."

☐ „Hallo, Herr Lohmann, ich hoffe, Sie hatten eine angenehme Nacht!"

Die richtige Antwort steht in den Zeilen ⬜.

c) Wer ruft bei der Reinigung an, weil der Mantel gereinigt werden muss?

☐ Frau Lohmann ruft in der Reinigung an.

☐ Die Überwachungskamera ruft in der Reinigung an.

☐ Herr Lohmann ruft selbst an.

Die richtige Antwort steht in den Zeilen ⬜.

d) Wer füllt die Badewanne?

☐ der Gesundheitssensor

☐ das automatische Badezimmer

☐ Herr Lohmann

Die richtige Antwort steht in den Zeilen ⬜.

Hoffentlich stürzt der Computer nicht ab.

② Am nächsten Tag kommt Herr Lohmann in die Garage und sein Auto ist verschwunden. Was könnte passiert sein? Schreibe es auf.

_____

_____

_____

1. detailgenaues, informationsentneh-
mendes Lesen eines Textes; Nachweis von
Textstellen mit Zeilenangabe

2. Geschichte weiterdenken: Nachweis,
dass die Kinder sich in die Vorstellungswelt
der Erzählung eingedacht haben

33

① Stelle die Satzglieder zweimal um.
Vergiss beim Fragesatz das Fragezeichen nicht!

| Emira | schreibt | eine E-Mail | .

_____

_____

| Lisa | spielt | ein Computerspiel | .

_____

_____

| Milan | holt | Papier | für den Drucker | .

_____

_____

② Kreise immer das Verb rot ein.   ☺ ☺ ☹

③ Ergänze die Wörter. Du musst in jedem Satz ein **ä** und ein **a**
oder ein **äu** und ein **au** einsetzen.

Lasse tr____mt immer wieder den gleichen Tr____m.

Alle L____fer l____fen nacheinander durch das Ziel.

Mia hat sich in der k____lten Turnhalle erk____ltet.

Die Klasse 3a r____t ihren Klassenr____m auf.

Der Bus h____lt an der H____ltestelle.      ☺ ☺ ☹

1. Satzglieder umstellen, Fragesätze bilden   3. Wörter mit ä/äu ableiten
2. vorbegriffliche Kennzeichnung des
Prädikats (Kopfstellung im Fragesatz)

Der Internet-Führerschein

① Welche Antwort ist richtig? Kreuze sie an.

a) Welche Seiten klickst du im Internet an?

☐ Ich besuche nur Seiten, die für Kinder gedacht sind.

☐ Ich gehe auf alle Seiten, die mich interessieren.

b) Du kommst auf eine Seite, auf der du nach deinem Namen und deiner Telefonnummer gefragt wirst. Was machst du?

☐ Ich antworte nicht und frage einen Erwachsenen.

☐ Ich tippe meinen Namen und meine Telefonnummer ein.

c) Ein Freund hat dir eine Seite gezeigt, auf der man Spiele herunterladen kann. Was machst du?

☐ Ich lade mir die Spiele herunter.

☐ Ich frage einen Erwachsenen, ob ich das machen darf.

d) Auf deinem Bildschirm erscheint plötzlich eine Werbeanzeige.

☐ Ich klicke die Anzeige an und suche mir etwas aus.

☐ Ich suche *beenden* oder *schließen* und klicke es an.

e) Eine Seite öffnet sich und verspricht dir einen Gewinn.

☐ Ich weiß, dass das eine Falle ist und schließe das Programm.

☐ Heute ist mein Glückstag! Schnell gebe ich meinen Namen und meine Adresse ein.

② Kontrolliert gemeinsam eure Antworten. Richtig: a1, b1, c2, d2, e1

 Alle Antworten richtig: Du bist ein Profi!

 Vier Antworten richtig: Du hast die Führerschein-Prüfung bestanden!

 Du kennst dich schon gut aus mit dem Internet!

Tiere im Park

① Wie bewegen sich die Tiere im Bild?
Trage die Verben in der Grundform ein.

springen
krabbeln
watscheln
laufen
fliegen
hoppeln
klettern
schwimmen

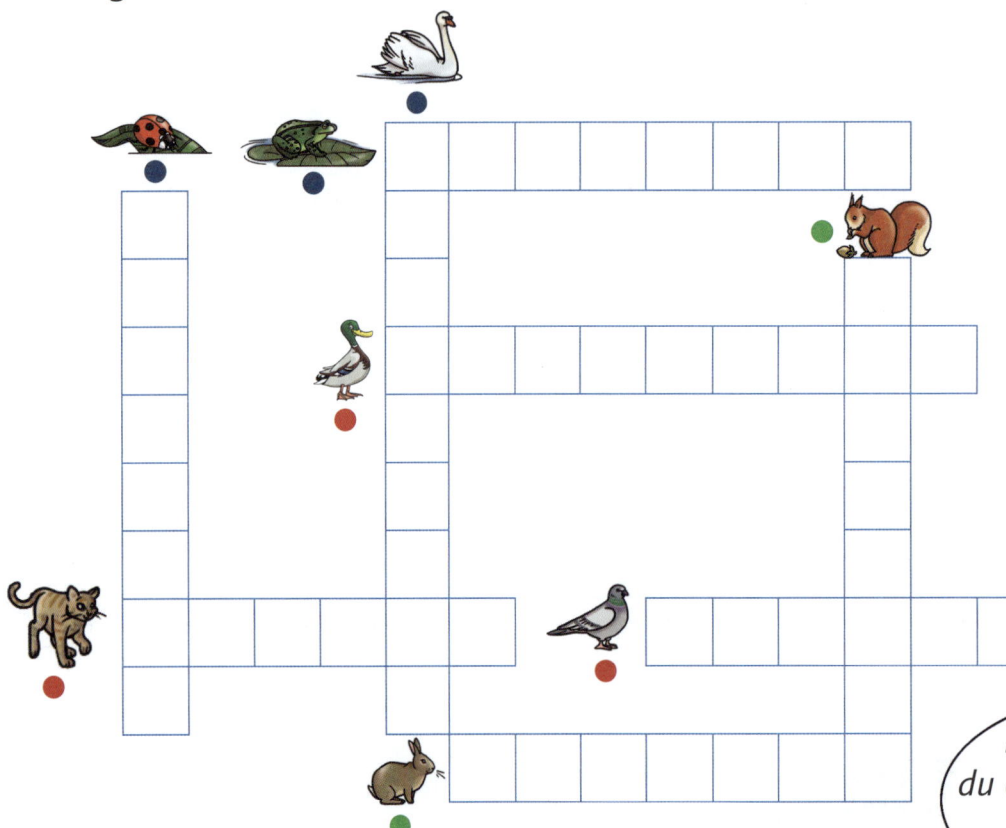

② Stelle ein Tier dar, ohne zu sprechen.
Dein Partner soll das Tier erraten und
sagen, wie es sich bewegt.

Ich glaube, dass du ein Kaninchen bist. Das Kaninchen hoppelt.

1. Verben der Bewegung den Tieren
zuordnen und eintragen
2. Tiere pantomimisch darstellen und
Bewegungsverben nennen

Ⓓ Minimalsätze schreiben;
Wortfeld der Bewegungsverben um
menschliche Fortbewegung erweitern

▶ zu BB S. 108–109

③ Verbinde die Wortkarten, die zusammengehören.

geklettert

hoppeln

schwimmen

gehoppelt

gewatschelt

laufen

rennen

geschwommen

watscheln

gerannt

klettern

gelaufen

④ Dilara erzählt. Schreibe die Sätze in der Vergangenheit auf.

Die Ente **ist gewatschelt** , so schnell sie konnte.

Der Schwan _____ , so schnell er konnte.

Das Kaninchen _____ , so schnell es konnte.

⬤

⬤

⑤ Markiere in den Sätzen immer das Nomen mit dem Artikel und das Pronomen.

⑥ Im Bild siehst du noch mehr Tiere. Schreibe auch dazu solche Sätze.

3. Grundform dem Partizip zuordnen
4. Perfekt mit *sein* wiederholen
5. Textbezüge (Pronomen) erkennen

6. weitere Sätze zum Bild aufschreiben
Ⓓ Konjugation der Verben im Perfekt im Plural: *Die Enten sind gewatschelt …*

37

Das Subjekt

① Lies die Sätze. Trage die richtigen Wörter ein und streiche sie durch.
Ein Wort passt nicht.

| der Hund | die Katze | ~~die Sonne~~ |

| die Tür | der Wecker | das Mädchen | die Leine |

Die Sonne _____ scheint in das Zimmer.

_____ schläft in seinem Bett.

_____ summt.

_____ geht auf.

_____ springt auf das Bett.

_____ hat er schon im Maul.

② Wer oder was? Schreibe die Frage
nach dem Subjekt auf.
Unterstreiche die Antwort im Satz.

Das Mädchen geht spazieren.

Frage: **Wer** geht spazieren?

Die Hundeleine liegt auf der Bank.

Frage: **Was liegt**

Eine Katze schleicht durch das Gras.

Frage: _____

Der Hund rennt über die Wiese.

Frage: _____

38

1. passendes Subjekt zuordnen
2. Subjekt im Satz erfragen und markieren
❗ Wer- und Was-Frage unterscheiden

Ⓓ Subjekt in eigenen Sätzen erfragen und kennzeichnen

▸ zu BB S. 110–111
▸ Diff.-Block S. 75–76
▸ AH B S. 73

Das Prädikat

① Lies die Sätze. Trage die richtigen Wörter ein. Ein Wort passt nicht.

(hoppelt) (~~scheint~~) (sucht) (sitzt) (watschelt) (steht)

Die Sonne (**scheint**) auf den Spielplatz.

Die Schaukel (_____) am Weg.

Eine Krähe (_____) auf dem Mülleimer.

Die Krähe (_____) nach Nahrung.

Ein Kaninchen (_____) über den Weg.

② Frage nach dem Prädikat.
Kreise die Antwort im Satz ein.

Der Junge (rutscht) auf dem Spielplatz.

Das Mädchen schaukelt auf der Reifenschaukel.

Der Mann liest eine Zeitung.

Die Taube pickt Futter auf der Wiese.

Die Mutter füttert ihr Kind.

_____

_____

_____

_____

③ Schreibe noch zwei Sätze dazu. Kreise das Prädikat ein.

▶ zu BB S. 110–111
▶ AH B S. 73

1. passendes Prädikat zuordnen
2. Prädikat im Satz erfragen und markieren
3. eigene Sätze zum Bild schreiben und
   das Prädikat erfragen

39

Subjekt und Prädikat

① Lies die Geschichte. Entscheide dich bei jedem Satz für eine Möglichkeit und schreibe die Sätze auf.

| Milan |
| Timo |

spielt mit seinem Haustier im Park.

Sein Kaninchen Flecki (schnuppert) (knabbert) an einer Blume.

Plötzlich läuft [ein kleiner Hund] [ein anderes Kaninchen] zu Flecki.

Die Tiere (streiten sich) (beschnuppern sich) .

[Milan] [Timo] (beobachtet) (trennt) die beiden Tiere.

_____

_____

_____

_____

_____

_____

_____

② Unterstreiche die Subjekte doppelt und kreise die Prädikate ein.

 ③ Wie könnte die Geschichte weitergehen? Schreibe es in dein Heft.

1. Entscheidungsgeschichte aufschreiben
2. Subjekte und Prädikate markieren
3. Geschichte zu Ende schreiben

▶ zu BB S. 110–111
▶ AH B S. 73

Nomen mit *-chen* oder *-lein*

① Schreibe die Tiere wie im Beispiel auf.
Finde noch zwei weitere Tierkinder und schreibe sie dazu.

| Hündchen | Schnecklein | Kätzchen | Fischlein | Schäfchen |

| Pferdchen |

das Hündchen — der Hund

das

② Unterstreiche die Artikel der Verkleinerungsformen. Was fällt dir auf?

③ Setze ein anderes Tier in der Verkleinerungsform ein
und schreibe das Gedicht in dein Heft.

Vögelchen

„Vögelchen, Vögelchen,
wo kommst du her?"
„Ich kann es nicht sagen,
ich weiß es nicht mehr."

„Vögelchen, Vögelchen,
wo gehst du hin?"
„Das kann ich erst sagen,
wenn ich hier nicht mehr bin."

Frantz Wittkamp

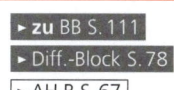
► zu BB S. 111
► Diff.-Block S. 78
► AH B S. 67

1./2. Ausgangswort zum Diminutiv finden,
Artikel vergleichen
3. generatives Schreiben zum Gedicht

❗ *-chen* und *-lein* werden praktisch gleich-
wertig verwendet; 🄳 *Kaninchen, Meerschweinchen, Eichhörnchen* als Diminutive
ohne Ausgangswort

41

Einen Tiersteckbrief gestalten: das Eichhörnchen

① Ordne die Stichworte den Fotos zu.

| frisst Vogeleier | klettert kopfüber |

frisst Samen, Nüsse, ~~Früchte und Pilze~~

Kobel (= Nest)

springt fast 5 Meter weit

lebt im Wald, in Gärten und Parks

brauner Rücken, weißer Bauch

buschiger Schwanz

frisst Samen, Nüsse, Früchte und Pilze

② Rahme gelb ein, **wo** das Eichhörnchen lebt (Lebensraum).
Rahme blau ein, **wie** das Eichhörnchen aussieht (Aussehen).
Rahme rot ein, **was** das Eichhörnchen gut kann (Eigenschaften).
Rahme grün ein, **was** das Eichhörnchen frisst (Nahrung).

1. Stichworte passend eintragen
2. Fotos den Oberbegriffen zuordnen

D weitere Informationen zum Eichhörnchen sammeln

▸ zu BB S. 112–115
▸ Diff.-Block S. 79–80

① Schreibe einen Steckbrief zum Eichhörnchen oder zu einem anderen Tier in Stichworten oder als Sachtext. Male oder klebe ein Bild dazu.

Name:

Lebensraum:

Aussehen:

Eigenschaften:

Nahrung:

② Suche noch mehr Informationen über das Eichhörnchen oder das andere Tier im Internet, in Sachbüchern oder im Tierlexikon. Schreibe sie noch dazu.

Wörter mit Silben-h

① Trage die Wörter an den passenden Stellen ein.
Schreibe sie in Silben auf und markiere das **h**.

blühen
gehen
krähen
Kühe
Rehe
sehen
wehen
ziehen

Kü-he

② Lies den Text. Unterstreiche die Verben mit Silben-**h** und
trage sie mit der passenden Grundform unten ein.

Milan sieht durch das Fernglas. In der Nähe des Stalls steht eine Kuh

auf der Weide. Eine Blume blüht. Am Waldrand ruht ein Reh.

In der Ferne kräht ein Hahn. Eine Frau geht mit ihren Hunden in den Wald.

Ein Hund zieht an der Leine. Der Wind weht einem Mann den Hut vom Kopf.

sieht	kommt von	se-hen		kommt von	
kommt von			kommt von	
kommt von			kommt von	
kommt von			kommt von	

 ③ Schreibe die Verben in der Du-Form in dein Heft: du siehst, …

1. Wörter mit silbentrennendem *h* sil-
bieren; 2./3. Personalformen von Verben
mit silbentrennendem *h* auf den Infinitiv
zurückführen bzw. bilden

Ⓓ Wörter mit silbentrennendem *h*
sammeln (Wörterliste) und konjugieren:
Wann ist das h hörbar, wann nicht?

▸ **zu** BB S. 116
▸ Diff.-Block S. 81
▸ AH B S. 76

④ Schreibe die Reimwörter auf und markiere das **h**.

ziehen –   brühen –

  ⑤ Denke dir Sätze mit den Verben aus und schreibe sie in dein Heft.

  ⑥ Schreibe den Text ab.

Mia und Milan verstehen sich gut.
Sie sehen sich nicht nur in der Schule.
Oft gehen sie gemeinsam nach Hause.
Am Nachmittag beobachten sie Tiere.
Krähen hüpfen immer in der Nähe herum,
aber manchmal nähert sich sogar ein Reh
ihrem Versteck auf dem Hochsitz.

⑦ Unterstreiche im Text alle Wörter mit Silben-**h**. Kontrolliere, ob du alle Wörter mit Silben-**h** richtig abgeschrieben hast.

Wörter nach dem Alphabet sortieren

① Ordne die Tiernamen in den Türmen nach dem Alphabet.
Markiere immer den 2. Buchstaben. Kontrolliere mit der Wörterliste.

	Riesenschlange
1	Raupe
	Rotkelchen
2	Regenwurm

	Fliege
	Fisch
	Frosch
	Fuchs
	Feldmaus

	Eule
	Esel
	Elefant
	Ente
	Eichhörnchen

Raupe,

② Ordne die Tiernamen in den Türmen nach dem Alphabet.
Markiere immer den 3. Buchstaben. Kontrolliere mit der Wörterliste.

Tipp: Wörter mit ä ordnest du ein, als hätten sie keine Pünktchen.

	Kaninchen
1	Käfer
	Kamel
	Katze

	Steinadler
	Stinktier
	Strauß
	Star
	Stockente

Käfer,

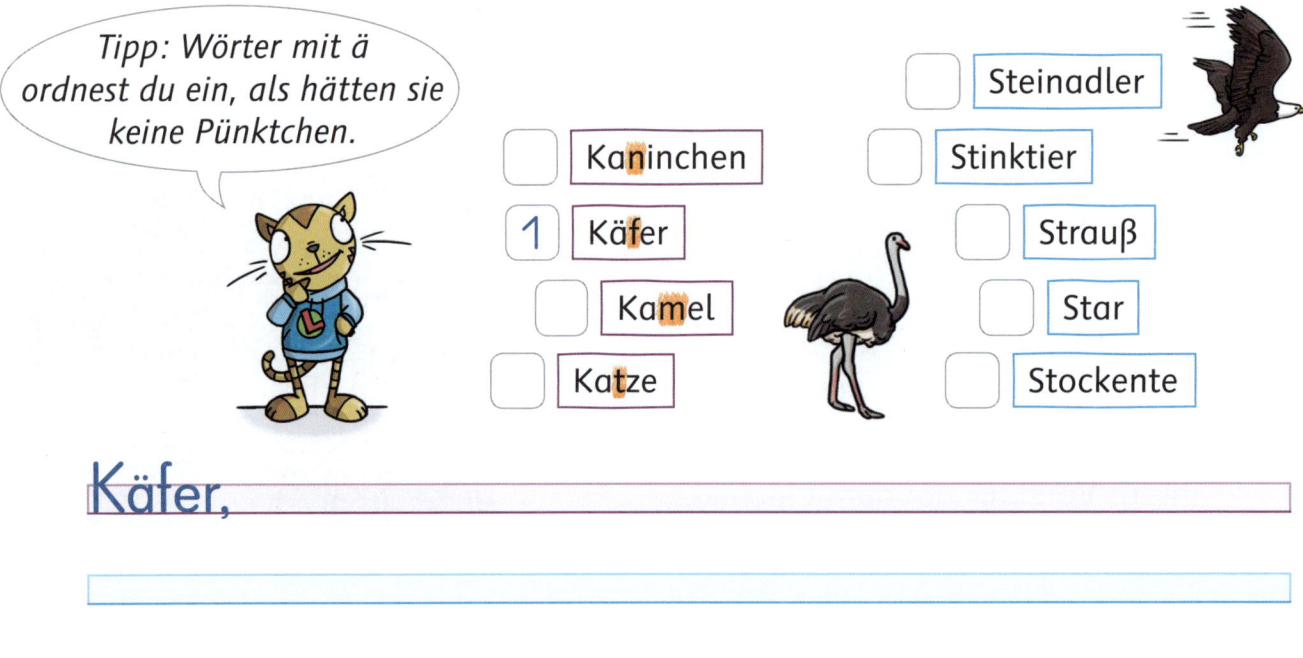

1./2. Wörter nach dem 2. bzw. 3. Buchstaben alphabetisch ordnen und durch
Nachschlagen kontrollieren

Ⓓ Namen von Kindern in der Klasse mit
gleichen Anfangsbuchstaben nach dem
Alphabet sortieren

► zu BB S.117
► Diff.-Block S.82
► AH B S.80

③ Welches Wort ist richtig geschrieben? Schlage nach, schreibe das Wort richtig auf und streiche falsche Wörter durch. Schreibe die Seitenzahl dazu.

 ~~klittern~~
klettern

 hopeln
hoppeln

 liegen
lihgen

S. 86 klettern   S. _____   S. _____

 krabeln
krabbeln

 riechen
rihchen

 hüpfen
hüfen

_____   _____   _____

④ Wie werden die Wörter geschrieben? Schlage sie in der Wörterliste nach und schreibe sie mit Artikel auf. Schreibe die Seitenzahl dazu.

S. _____    S. _____    S. _____

das Chamäleon   _____   _____

S. _____    S. _____    S. _____

_____   _____   _____

⑤ Schreibe die Wörter aus Aufgabe ④ nach dem Alphabet geordnet auf.

Chamäleon, _____

_____

3./4. rechtschriftlich schwierige Wörter
nachschlagen
5. Wörter nach dem Alphabet ordnen

47

Tiere in der Nacht

Die Fledermäuse verlassen jetzt ihre Schlafplätze.
Am Tag haben sie hinter Brettern und Balken
kopfunter, in die Flügel gehüllt geschlafen.
Im Dunkel der Nacht beginnt ihre Jagd.

5 Wer ist hier entlanggehoppelt? Der Hase.
Tagsüber hat er sich in einer Mulde versteckt.
Niemand hat ihn entdeckt.
In der Dämmerung lockt ihn der frische, grüne Klee.

Wer guckt mit braunen Augen aus der Baumhöhle?
10 Es ist die Waldohreule. Am Tag hat sie dort geschlafen.
Sie schüttelt ihr Gefieder. Dann schwingt sie sich hinaus
in die Dunkelheit und jagt nach Mäusen.

① Lies den Sachtext. Wie gehen die Sätze weiter? Verbinde.

	fliegen sie los.
Im Dunkel der Nacht	beginnt ihre Jagd.
	gehen sie schlafen.
	lockt ihn das frische, grüne Gras.
In der Dämmerung	lockt ihn der grüne Klee.
	lockt ihn der frische, grüne Klee.
	dort gefressen.
Am Tag hat sie	dort gesessen.
	dort geschlafen.

② Dilara hat den Text abgeschrieben. Lies genau. Neun Wörter sind falsch. Streiche sie durch und schreibe die richtigen Wörter darüber.

Tiere in der Nacht

Die ~~Amseln~~ Fledermäuse verlassen jetzt ihre Schlafplätze. Am Abend haben sie

hinter Brettern und Balken kopfunter, in die Flügel gehüllt geschlafen.

Im Dunkel der Nacht beginnt ihre Futtersuche.

Wer ist hier entlanggekrochen? Der Hase. Tagsüber hat er sich

5 in einer Kiste versteckt. Jeder hat ihn entdeckt.

In der Dämmerung lockt ihn der frische, grüne Klee.

Wer guckt mit grünen Augen aus der Baumhöhle?

Es ist die Waldohreule. Am Tag hat sie dort gesessen.

Sie schüttelt ihr Gefieder. Dann schwingt sie sich hinaus

10 in die Dunkelheit und jagt nach Fischen.

③ Male, was die Tiere in der Nacht fressen oder jagen.

der Hase

die Waldohreule

① Lies die Sätze.
Unterstreiche die Subjekte und kreise die Prädikate ein.

Nachts im Wald

Der Regenwurm kriecht aus der Erde.
Die Fledermaus fliegt durch die Nacht.
Die Eule jagt nach Mäusen.
Unter der Hecke schnüffelt der Igel.
Bis spät in die Nacht singt die Nachtigall.

② Schreibe die Reimwörter auf und markiere das Silben-**h**.

③ Ordne die Wörter nach dem Alphabet und schreibe sie auf.
Kontrolliere mit der Wörterliste.

☐ hüpfen   ☐ hoppeln   ☐ Hand   ☐ Hund   ☐ hacken

④ Welches Wort ist richtig geschrieben? Schlage nach,
schreibe das Wort richtig auf und streiche falsche Wörter durch.
Schreibe die Seitenzahl dazu.

   See
Seh

   Kräe
Krähe

   waxen
wachsen

S.

1. Subjekt und Prädikat markieren
2. Reimwörter mit silbentrennendem *h* aufschreiben
3./4. Wörter alphabetisch ordnen und nachschlagen

Warum haben Zebras Streifen?

Die sind aus dem Knast abgehauen.

Zebras sind
Pferde
in Pyjamas.

Ihre Mamas sind auch gestreift.

Sie wissen nicht, ob sie lieber
schwarz oder weiß sein wollen.

Lila Prap

Zebras leben in Herden.
Auf der Flucht verwirren
die vielen sich bewegenden
Streifen die Verfolger.
So wie jeder Mensch einen
eigenen Fingerabdruck hat,
besitzt jedes Zebra ein
eigenes Streifenmuster.

Zebras leben in Afrika.
Sie fressen Gras.
In der Wildnis werden sie
zwischen 10 und 25 Jahre
alt.

Warum haben Elefanten Rüssel?

Warum haben Kängurus Beutel?

① Gestalte eine Warum-Seite zu deinem Lieblingstier.

Warum

In meiner Straße gibt es viel zu sehen

① Sortiere die Nomen von den Wortkarten richtig ein.

Häuser und Läden

Fahrzeuge

Pflanzen

breit

schmal

lang

| Ampel ● | Autos ○ | Bäckerei ● | Bäume ○ | Blumen ○ |

| Bus ● | Büsche ○ | Briefkasten ● | Fahrräder ○ | Gemüseladen ● |

| Haltestelle ● | Hunde ○ | Imbiss ● | Katzen ○ | Laster ● | Mülltonnen ○ |

| Sitzbank ● | Straßenbahn ● | Tauben ○ | Wohnhäuser ○ | Verkehrsschild ○ |

1. Ordnen von Nomen zu Oberbegriffen/
Sammelnamen

▶ zu BB S. 120–122

Tiere

Gegenstände an der Straße

laut

ruhig

schön

② Was gibt es in deiner Straße?
Unterstreiche die Wörter auf den Wortkarten von Aufgabe ①.

③ Du kannst auch weitere Wörter dazuschreiben.
Sortiere sie auch oben in die Kästen ein.

④ Beschreibe deine Straße.

Ich wohne in der **Kölner Straße**

Es ist eine ⸺ Straße.

breit

Es riecht manchmal …

⑤ Spiele mit deinem Partner ein Frage-Antwort-Spiel.
Die Fragen helfen euch.

Fährt in eurer Straße … ?

Gibt es in eurer Straße …?

Wohnen in eurer Straße …?

2./3. Wortfeld zur Stadt auf die eigene
Wohnumgebung beziehen und ergänzen
4. Sätze mit unpersönlichem Subjekt es

5. Entscheidungsfragen stellen; Possessivpronomen eurer

53

In meinem – unserem – eurem Haus

① Vervollständige die Sätze der Kinder.

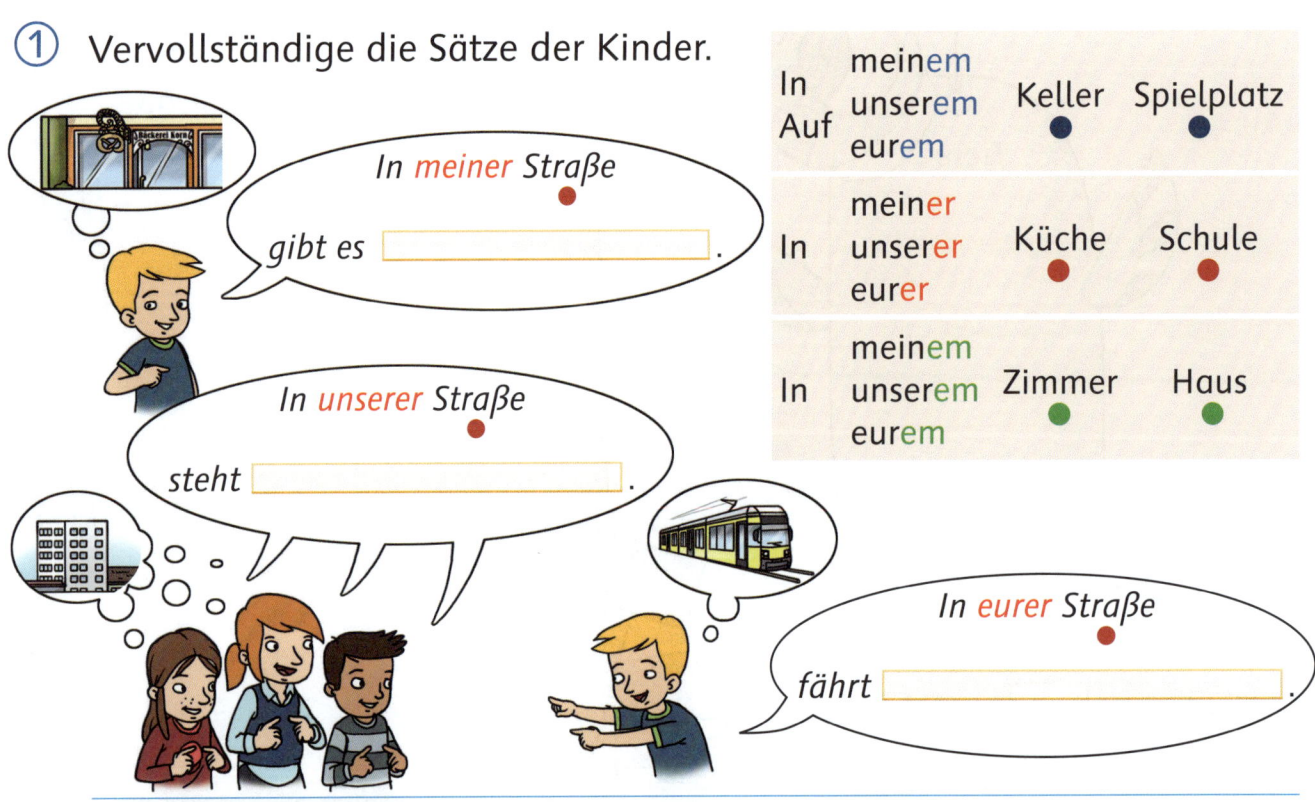

In Auf	meinem unserem eurem	Keller ●	Spielplatz ●
In	meiner unserer eurer	Küche ●	Schule ●
In	meinem unserem eurem	Zimmer ●	Haus ●

In meiner Straße ●

gibt es _____ .

In unserer Straße ●

steht _____ .

In eurer Straße ●

fährt _____ .

② Was gibt es bei euch oder bei dir? Vervollständige die Sätze.
Die Tabelle oben hilft dir.

In **unserem** Haus gibt es _____ .

In **meiner** Schule gibt es _____ .

In _____ Zimmer gibt es _____ .

In _____ Keller gibt es _____ .

In _____ Küche gibt es _____ .

In _____ Straße gibt es _____ .

Auf _____ Spielplatz gibt es _____ .

③ Frage ein anderes Kind, was es bei ihm gibt. Schreibe dazu Sätze
 in dein Heft: In eurem Haus gibt es einen Aufzug. …

---

1. Sätze mit Possessivpronomen ergänzen
2. Possessivpronomen anhand der Zeige-
gesten ergänzen und Sätze vervollständi-
gen; 3. eigene Sätze aufschreiben

🄳 Übungen zur Aufgabe 1 mit Gegen-
ständen aus dem Klassenraum:
In unserer Klasse gibt es …

▸ zu BB S. 122
▸ Diff.-Block S. 85–86

④ Was sagen die Personen? Schreibe es in die Sprechblasen.

Wir fahren mit unserem Auto.

● Auto

Ihr fahrt

● Boot

Ich

● Roller

Ihr spielt mit

● Spiel

Ich

● Hund

Wir

● Mannschaft

 ⑤ Womit fährst du? Womit spielst du? Schreibe dazu Sätze in dein Heft.

4./5. Sätze mit den richtigen Personalformen und Possessivpronomen im Dativ
bilden

Wortbausteine verändern Verben

① Welches Verb gehört zu welchem Wortbaustein? Trage es passend ein.

malen   schneiden   hängen   kleben   klappen

auf [   ]   an [   ]   auf [   ]

aus [   ]   auf [   ]

② Trage die Verben passend ein. Achte auf die richtige Personalform.

Janek bastelt ein Haus aus einem Briefumschlag.

Janek [   ] den Briefumschlag [   ].

Mit einem roten Stift [   ] er das Dach [   ].

Danach [   ] er vier Fenster [   ].

Die Tür [   ] er [   ].

Zum Schluss [   ] Janek das Haus in der Klasse [   ].

③ Wie heißen die Sätze, wenn Janek und Natalia zusammen basteln?
Schreibe den Text in dein Heft:

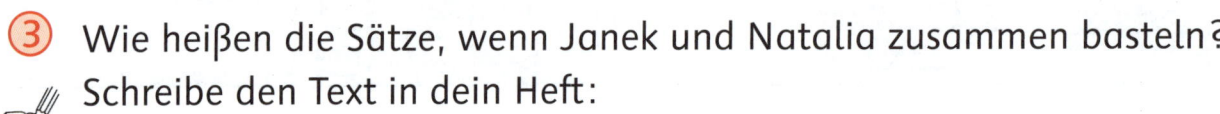

Janek und Natalia basteln ein Haus aus einem Briefumschlag. …

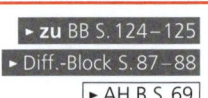

④ Setze das passende Verb ein. Achte auf die richtige Personalform.

(verstell<u>en</u>)   (bestell<u>en</u>)   (bedien<u>en</u>)   (verdien<u>en</u>)

Timos Mutter [_____] im Internet zwei Kinokarten.

Dilara spielt den Wolf. Deshalb [_____] sie ihre Stimme.

Die Kinder der 3a [_____] die Eltern beim Schulfest.

Damit [_____] die Klasse Geld für ihre Klassenkasse.

---

⑤ Setze die passenden Verben ein. Immer ein Verb passt nicht.
Achte auf die richtigen Personalformen.

(verstecken)   (anstecken)   (wegstecken)

Emira [_____] den Brief von Matteo
unter ihrem Kopfkissen.

Natalia [_____] Lisa eine Papierblume [_____].

(weglaufen)   (verlaufen)   (auslaufen)

Mias Hund [_____] von zu Hause [_____].

Die Trinkflasche ist nicht richtig verschlossen

und [_____] in der Schultasche [_____].

(ankommen)   (nachkommen)   (bekommen)

Mia [_____] zum Geburtstag ein neues Fahrrad.

Der Zug [_____] um Mitternacht in Berlin [_____].

Im Schneckenhaus

Matteo sammelt Schneckenhäuser. Heute hat er in einem Geschichtenbuch ein riesengroßes Schneckenhaus gesehen. Ein solches Schneckenhaus malt er gerade – mit bunten Mustern und geheimnisvollen Zeichen.
Und Matteo stellt sich vor, dass er in das Schneckenhaus hineingehen kann …

① Wie könnte es im Innern des Schneckenhauses sein?
Lies die Fragen. Wähle passende Wörter aus und unterstreiche sie.

🐚 Ist der Boden glatt und rutschig oder trocken und sicher?

🐚 Sind die Wände bemalt oder glänzend weiß?

🐚 Kann man einfach hineinlaufen oder muss man sich festhalten
oder sogar auf Händen und Füßen vorwärtskriechen?

🐚 Hört man Geräusche – die eigenen Schritte oder den wehenden Wind
oder …?

🐚 Leben im Schneckenhaus Tiere wie Käfer, Spinnen und Schmetterlinge
oder entdeckst du ganz unbekannte Lebewesen? Wie sehen sie aus?
Kannst du sie zeichnen?

🐚 Gibt es kleine Gucklöcher nach draußen oder sogar winzige Fenster?

🐚 Werden die Gänge immer enger und dunkler oder sind sie breit und hell?

🐚 Und was ist in der Mitte des Schneckenhauses?
Ein kleines Zimmer oder ein rundes Bett oder …?

1. Vorstellungsaktivierung für die Textproduktion durch Text und Illustration bzw. Leitfragen und Wortangebot   🅓 passend zum Schreibthema Lektüre von Leo Lionni: *Das größte Haus der Welt*   ▸ **zu** BB S. 128–129

② Zeichne das Schneckenhaus von innen.
Die Wörter, die du in ① ausgewählt hast, helfen dir.

③ Trage die Wörter, die du unterstrichen hast, in die Liste ein.
Die Liste hilft dir, deine Geschichte aufzuschreiben.

der Boden:

die Wände:

Wie bewegst du dich?

die Geräusche:

die Tiere:

die Gänge:

Deine Entdeckung am Ende:

④ Stelle dir vor, dass du in dein Schneckenhaus hineingehst:
Was **fühlst** du? Was **siehst** du? Was **hörst** du?
Verwende deine Wörter für die Geschichte.

Ich gehe in das Schneckenhaus hinein. Dabei fühle ich, dass der Boden …

2./3. Textplanung mithilfe der eigenen
Illustration und Wörtersammlung zu
Sinneseindrücken (Stützung der Erzähl-
reihenfolge)

4. eigene Schneckenhaus-Fantasie-
geschichte schreiben

Regeln richtig anwenden

A Schlage in der Wörterliste nach.

① Schlage die Wörter nach und ordne sie nach dem Alphabet.

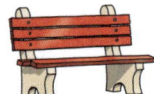  

B Prüfe, ob das Wort großgeschrieben wird.

> Am **Satzanfang** schreibst du **groß**.

② Suche im Text die beiden Fehler und markiere sie. Schreibe die Sätze richtig auf.

> ich laufe über
> den Strand
> da entdecke ich
> ein Schneckenhaus

> **Nomen** sind Namen für Menschen, Sachen, Tiere und Pflanzen. Nomen haben Artikel. Nomen schreibst du **groß**.

> eng
> tür
> hund
> hoch
> kind
> baum

③ Schreibe nur die Nomen mit den Artikeln auf.

C Verlängere das Wort.

> Wenn du nicht sicher bist, wie ein **Nomen** am Ende geschrieben wird, dann **verlängere** es. **Bilde die Mehrzahl**: der Weg – die Wege.
> Wenn du nicht sicher bist, wie ein **Adjektiv** am Ende geschrieben wird, dann **verlängere** es. **Bilde eine Wortgruppe**: eng – die enge Straße.

④ Trage in den Text die richtigen Endungen der Nomen und Adjektive ein.

Eine Wan☐ im Schneckenhaus war bun☐ bemalt. In einem anderen Gan☐

war ein großes Bil☐ in die Wan☐ geritzt. Als ich weiterlief, wurde es en☐

und kal☐ in den Gängen. Sollte ich den We☐ wirklich bis zum Ende laufen?

1.–4. Wiederholung und Anwendung der bisher erarbeiteten Rechtschreibstrategien: Großschreibung (Satzanfang, Nomen) und Verlängerung bei Auslautverhärtung

▸ **zu** BB S. 130–131
▸ Diff.-Block S. 91–92

D Suche ein verwandtes Wort.

> Wenn du nicht sicher bist, ob du *ä* oder *e*, *äu* oder *eu* schreiben musst, suche ein verwandtes Wort mit *a* oder *au*.

⑤ Bilde Wörter aus der Wortfamilie <u>backen</u>. Schreibe sie auf.

er

ge

bäck — t, en
back — en, erei
Bäck — er
Back — ofen

er bäckt _____

_____

_____

⑥ Lege zur Wortfamilie **bauen** selbst einen Wörterstamm-Baum an. Schreibe die Wörter dann auf.

E Überlege, ob das Wort ein Silben-*h* hat.

⑦ Schreibe die Wörter zu den Bildern in Silben auf. Markiere das **h**.

gehen _____

_____

_____

_____

⑧ Setze die Wörter mit Silben-**h** in der richtigen Form ein.

Ich **gehe** in das Schneckenhaus hinein. Der Wind _____ Blätter

und Sand vor meine Füße. Am Eingang des Schneckenhauses _____

ich eine _____ hocken. Ich _____ ganz still.

Häuser in aller Welt

① Welcher Text gehört zu welchem Bild? Schreibe die richtige Zahl dazu.

1 **Takasugi-an** ist japanisch und bedeutet auf Deutsch:
Ein Haus, das zu hoch oben gebaut wurde.
Das Takasugi-an befindet sich nämlich auf der Spitze von
zwei Kastanienbäumen. Die Bäume wachsen in der Nähe
der japanischen Stadt Chino, wo dieses kleine Haus 2004
errichtet wurde.

Das Takasugi-an ist aus Kastanienholz gebaut und innen
mit Bastmatten ausgelegt. Darauf kann man sitzen,
Tee trinken und den Ausblick genießen. Wer in das Haus
hineinwill, muss über zwei frei stehende Leitern nach oben
klettern – und zwar sechs Meter hoch.

2 In Glaskogen in Schweden gibt es ein Haus, das man
im Sommer in seiner ganzen Länge auseinanderziehen
und im Winter wieder zusammenschieben kann:
das **Dragspelhuset**.

Es sieht von außen wie ein gepanzertes Kriechtier aus.
Die Innenwände und die Decke des Dragspelhuset
sind mit Rentierfellen gepolstert, sodass es auch in den
kalten Wintermonaten im Innern warm bleibt, denn es
gibt im Haus keine Heizung, sondern nur einen Ofen.

3 In Rotterdam, einer Stadt in den Niederlanden,
gibt es das **Didden Village** (sprich: *Didden Willetsch*).
Das sind drei kleine Häuser, in denen die Schlafzimmer
der Familie Didden untergebracht sind.

Die Häuser stehen oben auf dem Dach eines größeren Hauses.
Alles, was zu diesem kleinen Dorf auf dem Dach gehört,
wurde blau angemalt: Wände, Dächer, Fenster- und
Türrahmen, auch Bänke und Tische und sogar
die Blumentöpfe.
Inmitten der graubraunen Häuser wirkt der Dachaufbau
wie eine leuchtend blaue Oase.

1. die einzelnen Sachtexte den Fotos zuordnen; ⚠ unbekannte Begriffe klären, z. B. frei stehend, gepanzert, das Kriechtier, das Rentier, gepolstert, der Dachaufbau, die Oase, das Raumschiff …

► zu BB S. 132–133
► Diff.-Block S. 93–94

4 Das **Futuro House** des finnischen Architekten Matti Suuronen sieht aus wie ein Raumschiff mit vielen runden Fensterlöchern. Es kann als Klassenzimmer, als kleines Hotel oder als Arztpraxis genutzt werden.
Das Futuro House ist viel leichter als andere Häuser.
Will man es woanders aufstellen, kann man es mit dem Lkw oder dem Hubschrauber dorthin transportieren.

② 1. Warum heißt das kleine Haus in Chino *Takasugi-an*?

_____

2. Welche Baumart wurde bei seinem Bau verwendet?

_____

3. Was ist das Besondere an dem *Dragspelhuset*?

_____

4. Findest du einen Namen, der diese Besonderheit deutlich macht?

_____

5. Wo befindet sich das *Didden Village*?

_____

6. Wodurch ist das *Didden Village* auch aus der Ferne gut zu erkennen?

_____

7. Wie heißt das Haus, das wie ein Ufo aussieht? Welche Vorteile hat es?

_____

 ③ In welchem Haus würdest du gerne wohnen? Schreibe auf, warum.

① Bilde Verben mit den Wortbausteinen und schreibe sie auf.

| ab | auf | be | mit | ver | vor | unter |

schreiben

_____

_____   ☺ 😐 ☹

② Suche vier Verben aus und schreibe damit Sätze.

_____

_____

_____

_____   ☺ 😐 ☹

③ In jedem Satz ist ein Fehler. Streiche das falsche Wort durch und schreibe es richtig darüber.

FEHLER !

_____

Mia hat heute aus Zweigen und Stoff ein kleines zelt gebaut.

_____

Ein Taschentuch ist der Tepich.

_____

Mit der Hant hat Mia ein kleines Loch in den Sand gemacht.

_____

das Loch soll die Feuerstelle sein.

_____

Als Mia abends wieder zu ihrem Zelt kommt, laufen zwei kleine Meuse davon.

☺ 😐 ☹

1./2. Verben mit trennbaren und nicht trennbaren Vorsilben bilden und verwenden

3. rechtschriftliche Fehler finden und korrigieren

Das Wörterhaus

① Dieses Haus ist aus Wörtern gebaut. Baue es zu Ende.

Es fehlen noch große Fenster Fenster Fenster und kleine Fenster Fenster Fenster, eine breite TürTürT ür Tür T r Tür ür r

oder ein …

An bestimmten Stellen kannst du auch Wörter aus verschiedenen Sprachen im Haus verstecken. Und dann lässt du ein anderes Kind suchen …

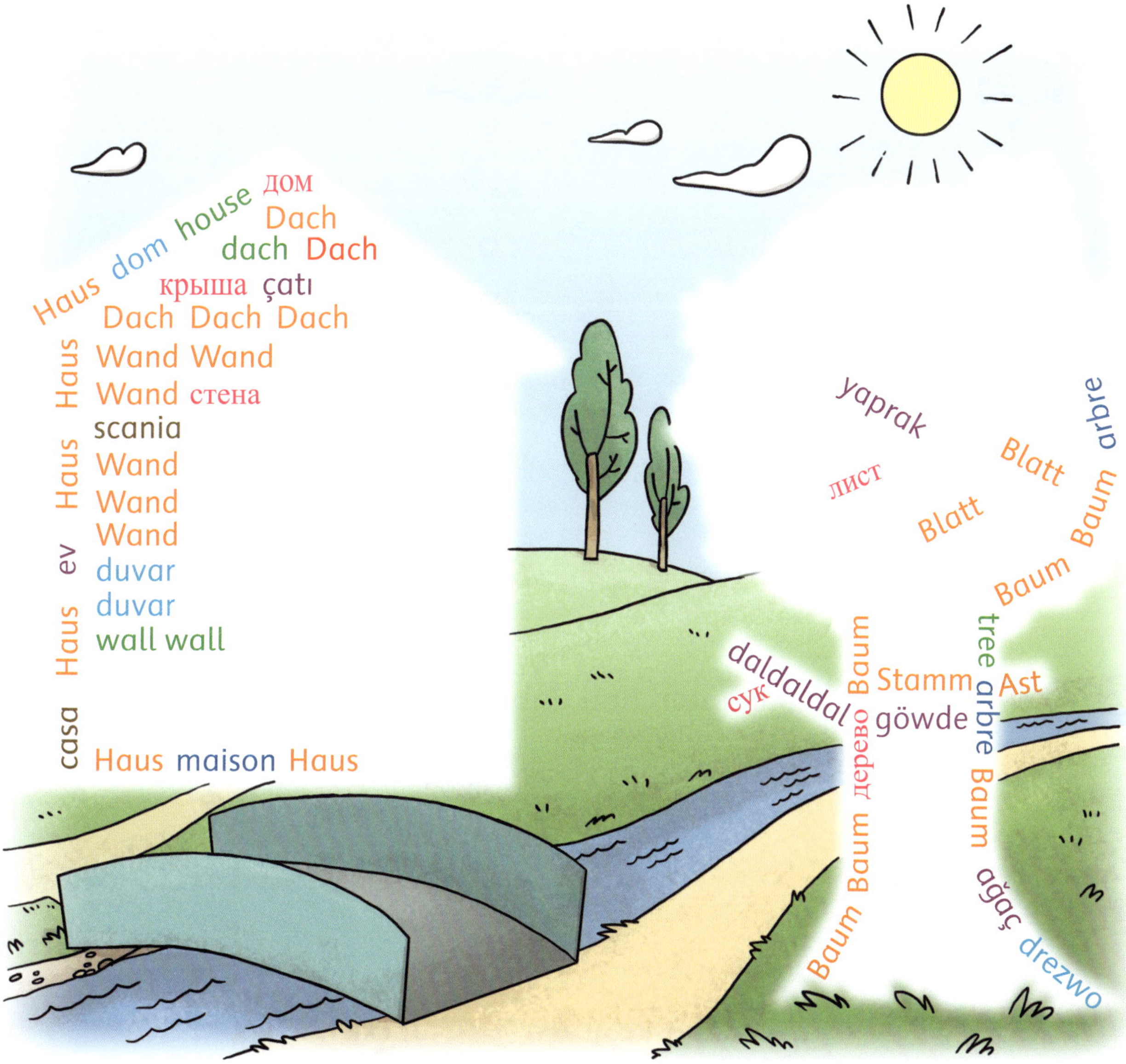

Haus dom house дом
Dach
dach Dach
крыша çatı
Dach Dach Dach
Wand Wand
Wand стена
scania
Wand
Wand
Wand
duvar
duvar
wall wall
casa Haus ev Haus Haus
Haus maison Haus

yaprak arbre
лист Blatt Baum Baum
Blatt
Baum
daldaldal tree Stamm Ast
сук Baum Baum дерево göwde arbre Baum
ağaç drezwo

Nomen

Nomen schreibst du **groß**:
● der Tisch – ○ die Tische
Nomen gibt es in der **Einzahl** und in der **Mehrzahl**.
Nomen haben **bestimmte Artikel** oder **unbestimmte Artikel**.
● der ● die ● das   ● ein ● eine ● ein

① Trage die Nomen in der Einzahl und in der Mehrzahl in die Tabelle ein.
Kontrolliere die Mehrzahl mit der Wörterliste.

Einzahl	Mehrzahl
der Fisch	die Fische

② Hier fehlen die bestimmten und unbestimmten Artikel. Setze sie ein.

Umut braucht **einen** neuen Füller. **Der** alte Füller ist kaputt.

Emira kauft [   ] großes Heft. [   ] Heft hat Linien.

Frau Koch besucht [   ] andere Schule. [   ] Schule ist in Italien.

Mia hat [   ] neue Jacke. [   ] Jacke ist lila.

1. Nomen im Singular und Plural (Selbst-
kontrolle mit der Wörterliste)
2. Nomen mit bestimmtem und unbe-
stimmtem Artikel

▶ **zu** AH A S. 9–11

① Bilde drei zusammengesetzte Nomen. Markiere das s.

• Lieblings

• Farbe   • Tier   • Kuchen   • Eis   • Spiel

das Lieblingstier,

② Schreibe die zusammengesetzten Nomen in die Lücken.

Heute ist Timos Glückstag . Er hat _____ .
das Glück + der Tag   *(die Geburt + der Tag)*

Mama hat für ihn eine _____ geplant und
          (die Überraschung + die Party)

seinen _____ gebacken. Mia und Umut haben
     (der Liebling + der Kuchen)

ein tolles Geschenk mitgebracht. Es ist eine _____ .
                    (die Zeitung + die Anzeige)

Darin steht: Happy birthday, lieber Timo!

③ Schreibe die Wörter mit Artikel auf. Schreibe eine Verkleinerungsform dazu.

die Blume   das Blümchen

• _____   • _____

• _____   • _____

▶ **zu** AH A S. 26–27 und AH B S. 41
(Verkleinerungsform)

1./2. Komposita mit Fugen-*s* bilden
3. Diminutive bilden ❗ alternativ mit
-*chen* oder -*lein*

67

Verben

> **Verben** haben einen **Wortstamm** und eine **Endung**.
> **Verben** haben eine **Grundform** und verschiedene **Personalformen**.
> **Verben** gibt es in verschiedenen **Zeitformen**, zum Beispiel
> in der **Gegenwart** (heute, jetzt) und **Vergangenheit** (früher).

① Setze die Verben in den richtigen Personalformen ein.

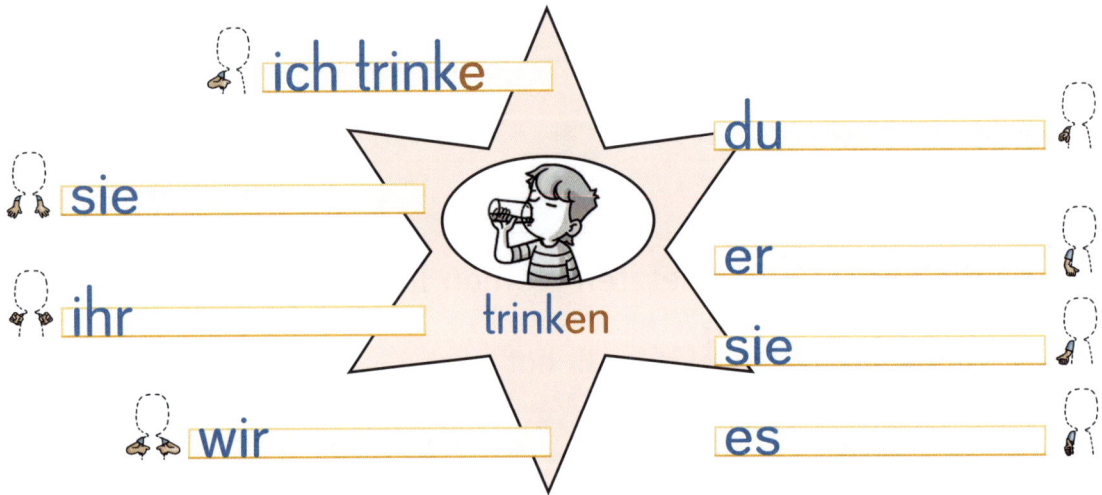

ich trink**e**

du

sie

er

ihr

trink**en**

sie

wir

es

② Male selbst einen Verbstern zum Verb **malen**.

③ Trage das Verb **malen** in der Gegenwart und in der Vergangenheit ein.

	↓ Heute – Gegenwart	↶ Gestern – Vergangenheit
ich	ich male	ich habe gemalt
du		
er/sie/es		
wir		
ihr		
sie		

④ Schreibe eine solche Tabelle auch für das Verb **machen**.

1./2. Verbsterne: Personalformen bilden
3./4. Verb in allen Personalformen im
Präsens und Perfekt konjugieren

▶ **zu** AH A S. 40 und **zu** AH B S. 8

① Ergänze die Sätze in der Vergangenheit.

In der Schule

Heute ist Sportfest.

Ich springe Trampolin. Ich laufe mit Mia um die Wette. Ich renne 50 Meter in 12 Sekunden.

Zu Hause

Umut erzählt Mama nach der Schule vom Sportfest.

Ich bin Trampolin gesprungen.

Ich [　　　　] Trampolin [　　　　　　　　　　].

Ich [　　　　] mit Mia um die Wette [　　　　　　　　].

Ich [　　　　] 50 Meter in 12 Sekunden [　　　　　　　].

---

② Nummeriere die Bilder in der richtigen Reihenfolge.

[ ] [ ] [ ] [ ] [ ]

| aufhängen | ausschneiden | verzieren | anmalen | bemalen |

---

③ Trage die Verben passend ein. Achte auf die richtige Personalform.

Lisa bastelt einen Stern. Zuerst **schneidet** sie den Stern **aus**.

Danach [　　　　　　] sie ihn gelb [　　　　]. Dann [　　　　　　] sie

den Stern mit Buntstiften. Anschließend [　　　　　　] sie ihn mit

Glitzersteinen. Zuletzt [　　　　　　] sie ihn im Klassenzimmer [　　　　].

---

1. Perfekt mit *sein* in der 1. Pers. Sing.
2./3. trennbare und nicht trennbare Verben in einen Text einsetzen

Adjektive

Adjektive sagen dir, wie Nomen sind.
Mit Adjektiven kannst du etwas vergleichen.

① Vergleiche immer mit drei Sätzen. Unterstreiche die Adjektive.

Das Lineal ist lang.

Das Lineal ist länger.

Das Buch ist dick.

Die Lampe ist hell.

Der Stein ist schwer.

② Was gehört zusammen? Male die Adjektive, die zusammengehören, in einer Farbe an und schreibe sie untereinander auf.

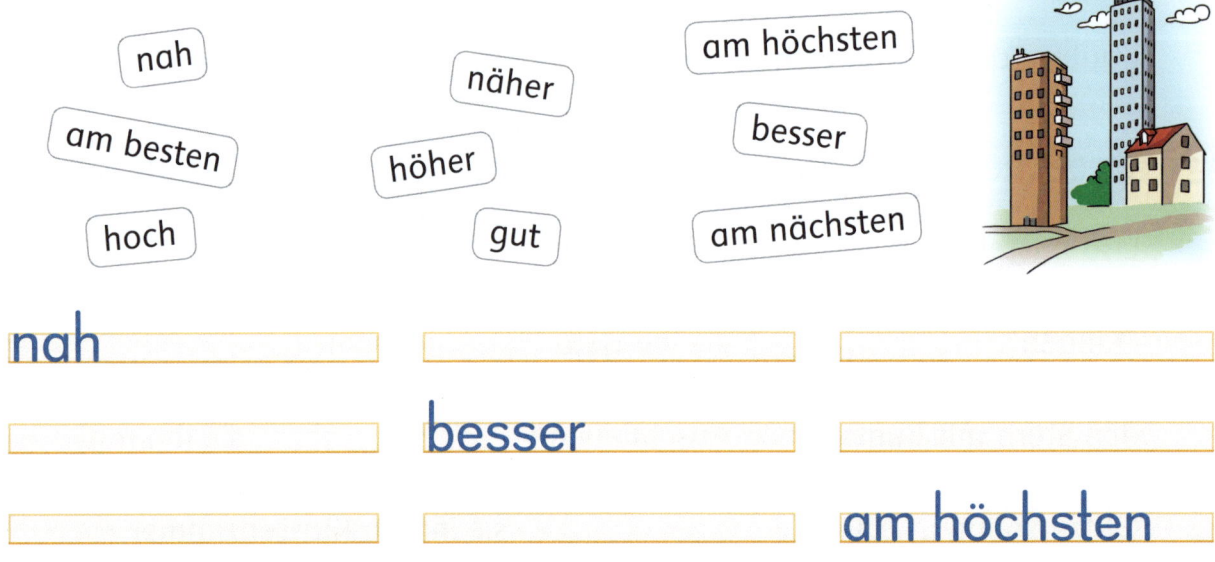

nah

am besten

hoch

näher

höher

gut

am höchsten

besser

am nächsten

nah

besser

am höchsten

1. Vergleichsstufen bilden
2. unregelmäßige Formen der Vergleichsstufen wiederholen

▶ zu AH A S. 56–57

① Wer bin ich? Löse die Rätsel und ergänze die Sätze.

Ich bin langsam.

Ich bin langsamer als die anderen.

Ich bin die Langsamste.

Ich bin die Schn_____.

Ich bin schnell.

Ich bin _____ als die anderen.

Ich bin der _____.

Ich bin der _____.

Ich bin klein.

Ich bin _____ als die anderen.

Ich bin die _____.

Ich bin die _____.

Ich bin stark.

Ich bin _____ als die anderen.

Ich bin der _____.

Ich bin der _____.

---

② Suche immer ein Adjektiv aus und setze es ein. Schreibe dein Gedicht ab.

Komm, wir kehren die Straße

mit dem _____ Besen.
Dann finden wir sieben Sachen:

Einen _____ Fahrschein,

einen _____ Nagel,

5 eine Vogelfeder,

einen _____ Pfennig,
ein Bonbonpapier,
eine Spiegelscherbe,
und vielleicht,

10 und vielleicht einen _____ Knopf für deine Jacke!

Ursula Wölfel

alten

krummen   großen   goldenen

grünen

▶ zu AH A S. 70   1. Vergleichsformen und nominalisierte
Adjektive einsetzen; 2. generatives Einset-
zen des attributiven Adjektivs   71

Satzglieder

> Ein Satz besteht aus mehreren Teilen. Du kannst die Teile **umstellen**.
> Die Teile des Satzes, die beim Umstellen immer zusammenbleiben,
> heißen **Satzglieder**.

① Stelle die Sätze um. Bilde drei Aussagesätze.

② Male die Satzglieder farbig an. Bilde drei Aussagesätze.

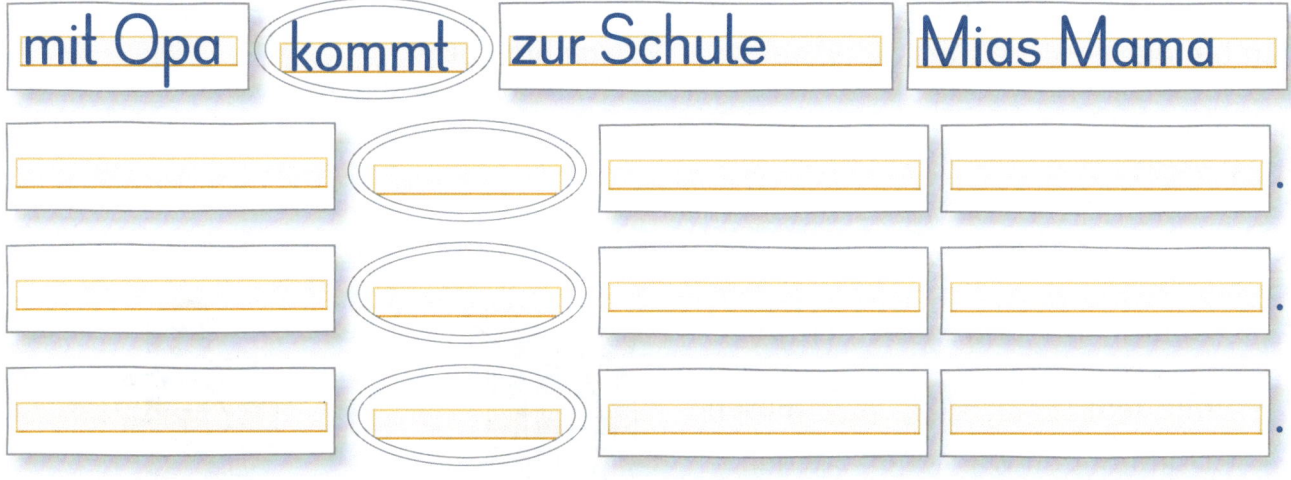

③ Bilde Fragesätze aus den Aussagesätzen.

Frau Koch (gefällt) das Kostüm?   (Gefällt) Frau Koch das Kostüm?

Alle Zuschauer (sind) begeistert.

Mia (lacht) fröhlich.

> **Subjekt** und **Prädikat** sind Satzglieder.
> Mit der *Wer-oder-was-Frage* findest du
> das **Subjekt**. Das **Prädikat** ist immer ein Verb.
>
> Der Junge (kocht) die Suppe.
> Subjekt   Prädikat

① Schreibe die Frage nach dem Subjekt auf. Unterstreiche die Antwort
im Satz und trage das Subjekt in die Kästchen ein.

Sinem weint.

Frage: **Wer weint?**   Antwort: ⬜⬜⬜⬜

Der Junge sitzt am Computer.

Frage: _____

Antwort: ⬜⬜⬜   ⬜⬜⬜⬜

Petra tanzt Hip-Hop.

Frage: _____

Antwort: ⬜⬜⬜⬜

② Kreise das Prädikat ein. Trage das Verb in der Grundform ein.

Timo (träumt) von einem Zauberschloss.   ⬜⬜⬜⬜⬜⬜

Emira tobt mit Umut durch das Klassenzimmer.   ⬜⬜⬜⬜

Der Hund bellt den Briefträger an.   ⬜⬜⬜⬜

③ Kreise in den Sätzen das Prädikat ein. Unterstreiche auch das Subjekt.

Janek liest in seinem Elefantenbuch.

Morgen geht er mit seinem Onkel in den Zoo.

Hoffentlich schlafen die Elefanten nicht!

Präpositionen

① Wo ist Lina? Schreibe die passenden Präpositionen zu den Bildern.

| an | auf | hinter | in | neben | unter | vor | zwischen |

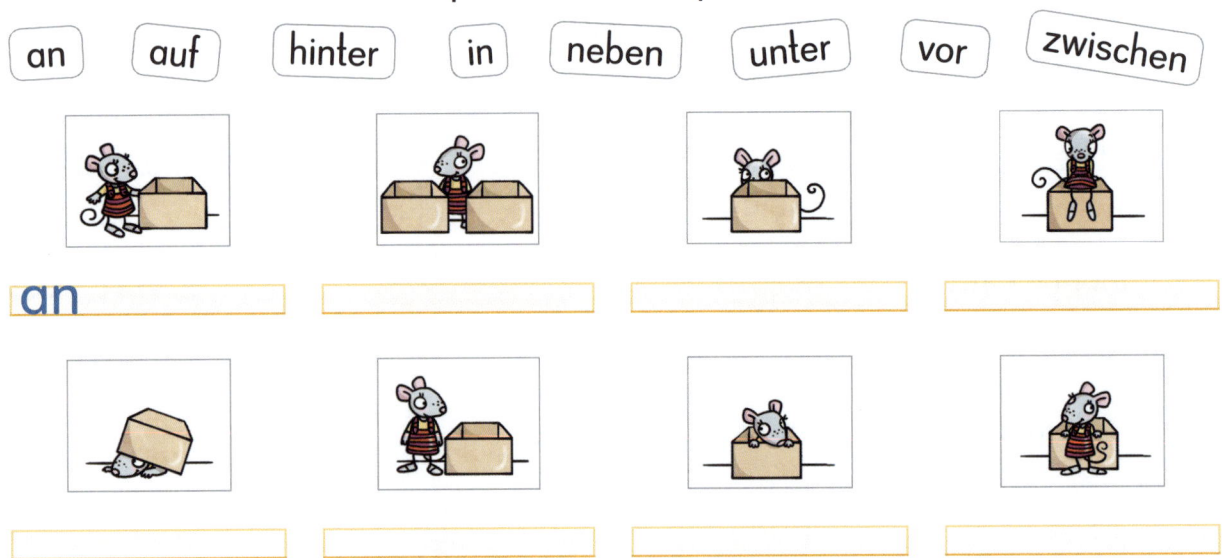

an

② Würfle und schreibe drei Sätze auf. Markiere die Präpositionen.

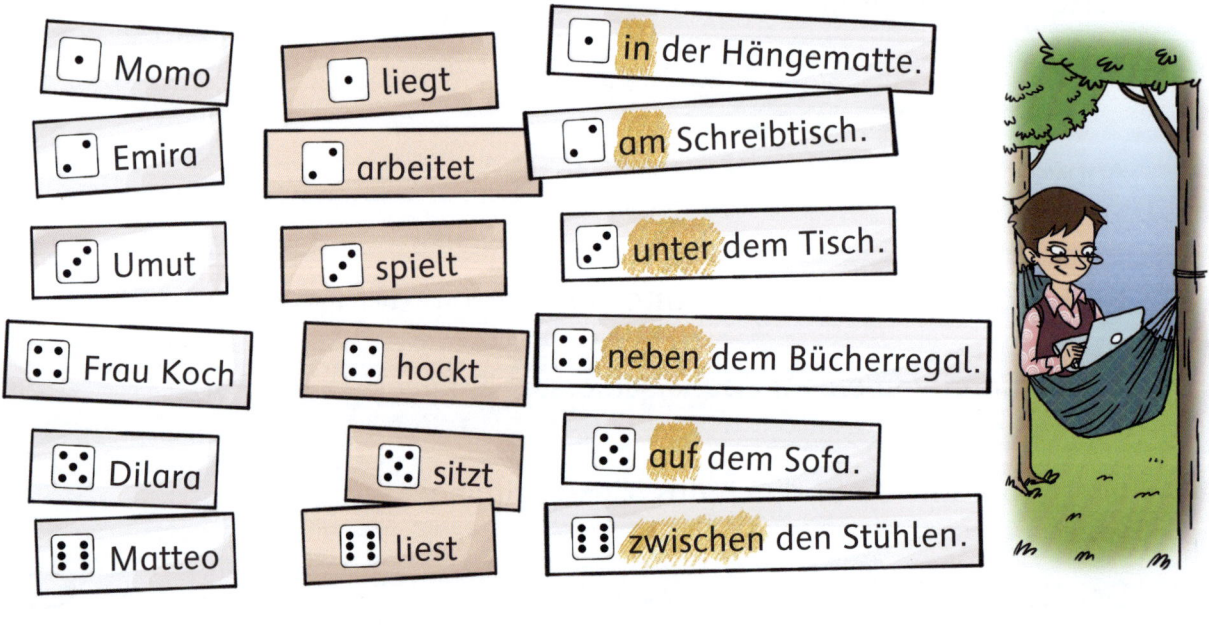

⦁ Momo		⦁ liegt		⦁ in der Hängematte.
⦂ Emira		⦂ arbeitet		⦂ am Schreibtisch.
⦃ Umut		⦃ spielt		⦃ unter dem Tisch.
⦄ Frau Koch		⦄ hockt		⦄ neben dem Bücherregal.
⦅ Dilara		⦅ sitzt		⦅ auf dem Sofa.
⦆ Matteo		⦆ liest		⦆ zwischen den Stühlen.

 ③ Würfle weitere Sätze und schreibe sie ins Heft.

1. Präpositionen zuordnen
2./3. Präpositionen im Satz mit dem Dativ
(Wo?) verwenden

① Schreibe Sätze und markiere die Präpositionen.

Wohin springt die Katze?

Die Katze springt über

Wohin rennt die Maus?

Wohin fliegt der Wellensittich?

Wo liegt der Hund?

Wo schwimmt der Goldfisch?

Wo sitzt das Meerschweinchen?

1. Präpositionen selbstständig im Satz anwenden mit dem Dativ und dem Akkusativ
(*Wo?/Wohin?*)

75

Laute unterscheiden

① Male die Selbstlaute rot, die Umlaute grün und die Zwielaute gelb an.

② Trage die Selbstlaute, den Umlaut und den Zwielaut ein.
Zeichne Silbenbögen unter die Wörter.

③ Schreibe Reimwörter auf. Markiere, ob der Selbstlaut lang oder kurz ist.

Tonne

④ Trage die Wörter mit Silben-**h** ein. Kontrolliere, ob du an das **h** im Wort gedacht hast.

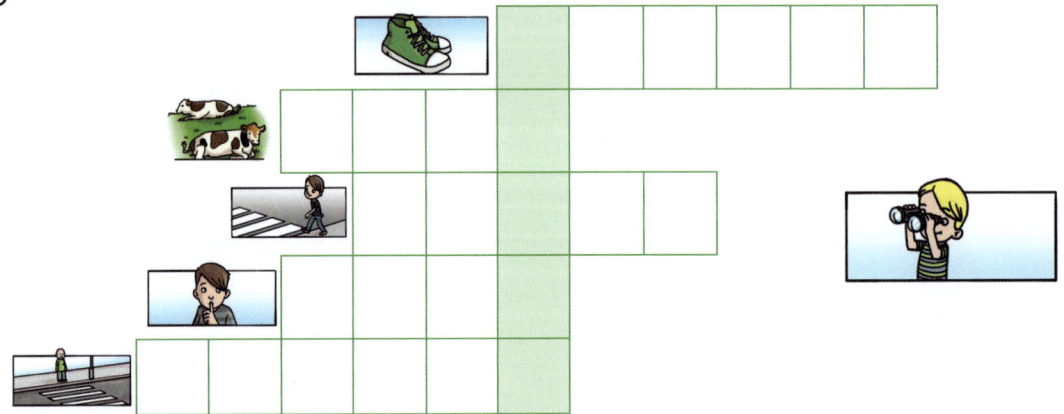

1./2. Selbstlaute, Umlaute und Zwielaute unterscheiden und mit Silbenbögen eintragen

3. kurze und lange Vokale unterscheiden und markieren
4. Wörter mit silbentrennendem h

▶ **zu** AH A S. 14 und AH B S. 44–45

Mitlautverdopplung

① Ordne die Wörter den Bildern zu.

1 Jacke
2 Blitz
3 Brücke
4 Schnecke
5 Mütze

6 Pfütze
7 Spielplatz
8 Katze
9 Decke
10 Picknick

② Schreibe die Wörter in die Tabelle und markiere den kurzen Selbstlaut.

Nomen mit *tz*	Nomen mit *ck*
Pfütze,	

③ Finde die acht Verben im Rätsel. Markiere die Verben mit *ck* gelb und die Verben mit *tz* lila.

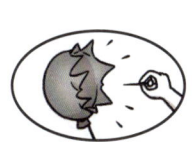

e	g	r	d	k	r	a	t	z	e	n
s	p	u	t	z	e	n	t	w	q	z
a	f	s	p	u	c	k	e	n	x	l
b	a	c	k	e	n	c	v	r	t	d
o	p	a	p	l	a	t	z	e	n	u
p	z	r	w	e	c	k	e	n	i	w
l	e	c	k	e	n	w	q	y	b	x
s	s	i	t	z	e	n	w	r	a	t

 ④ Schreibe die Verben auf: Verben mit *tz*: kratzen, …

Verben mit *ck*: …

▸ zu AH A S. 30   1. Begriffe zuordnen   3./4. Verben mit *tz* und *ck* finden, auf-
2. Wörter mit *tz* und *ck* sortieren und   schreiben und die Vokallänge markieren
Vokallänge markieren   **77**

Nomen und Adjektive verlängern ↪

① Ergänze die Nomen mit *b*, *d* oder *g* und sortiere sie in die Tabelle.
Schreibe immer die Verlängerung dazu.

| Sie☐ ● | Han☐ ● | We☐ ● | Kor☐ ● | Ber☐ ● |

| Kin☐ ● | Hun☐ ● | Hem☐ ● | Zwer☐ ● | Ta☐ ● |

Wörter mit *b*	Wörter mit *d*	Wörter mit *g*
Sieb – Siebe		

---

② Ergänze die Adjektive. Bilde Wortgruppen zu den Bildern.

| lusti☐ | trauri☐ | hal☐ | gel☐ | wil☐ | wüten☐ |

der halbe Kuchen

der ⬚ Riese

der ⬚ Clown

die ⬚ Hose

das ⬚ Pferd

das ⬚ Kind

1. Verlängerungsstrategie bei Nomen mit Auslautverhärtung,   2. Verlängerungsstrategie bei Adjektiven: Wortgruppen bilden   ▸ **zu** AH A S. 46 und 60

Wortfamilien: Wörter mit *ä* und mit *äu*

① Trage die Wörter in der Einzahl und in der Mehrzahl ein.

	Mehrzahl		**Einzahl**	
	die Bänke	kommt von	die Bank	
		kommt von		
		kommt von		
		kommt von		
		kommt von		
		kommt von		

---

② Schreibe die Wörter mit dem gleichen Wortstamm auf.

back / bäck / Bäck / Back — er — t / en / erin / erei / ofen

backen,

bau / bäu / Bau — sie / ab / Ge — en / de / stelle

③ Finde zur Wortfamilie TRAUM/TRÄUM verwandte Wörter und schreibe sie auf: verträumt, …

Wörter nachschlagen

Wenn du nicht sicher bist, wie ein Wort geschrieben wird, schlage es in der Wörterliste oder im Wörterbuch nach.

① Schreibe die Wörter zu den Bildern. Markiere immer den 2. Buchstaben. Ordne sie nach dem Alphabet. Kontrolliere mit der Wörterliste.

② Markiere immer den 3. Buchstaben. Ordne die Wörter nach dem Alphabet. Kontrolliere mit der Wörterliste.

Panda	Palme	Paprika	Papagei

③ Suche die Wörter in der Wörterliste. Streiche das falsch geschriebene Wort durch und schreibe das Wort richtig ab.

④ Schreibe die Seitenzahl aus der Wörterliste dazu.

 ~~Klaun~~
Clown
S.

 Handy
Hendi
S.

 Bochser
Boxer
S.

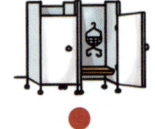 Kabine
Kapine
S.

 Pony
Ponni
S.

 Computer
Kompjuta
S.

1./2. Wörter alphabetisch nach dem 2.
bzw. 3. Buchstaben ordnen; 4. rechtschriftlich schwierige Wörter nachschlagen

► zu AH B S. 46–47

Satzzeichen und wörtliche Rede

Nach einem **Aussagesatz** steht ein **Punkt**. Nach einem **Fragesatz** steht ein **Fragezeichen**. Nach einem **Ausrufesatz** steht ein **Ausrufezeichen**.

Was Menschen reden, heißt **wörtliche Rede**. Die wörtliche Rede steht in **Redezeichen**: „" Der **Begleitsatz** sagt dir, wer spricht.

① Setze die richtigen Satzzeichen in die Sprechblasen.

② Unterstreiche immer den Begleitsatz grün und die wörtliche Rede rot. Setze die Satzzeichen. Denke an die Doppelpunkte und Redezeichen.

Timo fragt Mia : „ Gehst du mit spazieren ? "

Mia antwortet Ja, gerne

Mia und Theo gehen mit Theo in den Park

Timo befiehlt Theo Bring das Stöckchen

Danach lobt er Theo Das hast du fein gemacht

Mia sagt

③ Schreibe die wörtliche Rede von Aufgabe ② mit den Redebegleitsätzen in dein Heft: Timo fragt Mia: „Gehst du mit spazieren?"

Wörterliste

A a

- der **A**bend, die Abende
- die **A**mpel, die Ampeln
- der **A**st, die Äste
- das **A**uto, die Autos

B b

  backen, du bäckst,
  du hast gebacken
- der **B**adeanzug, die Badeanzüge
- das **B**ad, die Bäder
- die **B**adehose, die Badehosen
- die **B**adekappe, die Badekappen
- der **B**adeschuh, die Badeschuhe
- der **B**all, die Bälle
- die **B**ank, die Bänke
- der **B**aum, die Bäume
- der **B**erg, die Berge
- das **B**ild, die Bilder
  blond
- der **B**oxer, die Boxer
- der **B**rand, die Brände
  bringen, du bringst,
  du hast gebracht
- das **B**uch, die Bücher
- die **B**urg, die Burgen
- die **B**ürste, die Bürsten

C c

- das **C**hamäleon, die Chamäleons
- der **C**lown, die Clowns
- der **C**omic, die Comics
- der **C**omputer, die Computer

D d

  denken, du denkst,
  du hast gedacht
- der **D**ieb, die Diebe
- die **D**usche, die Duschen
- das **D**uschgel

E e

- das **E**ichhörnchen,
  die Eichhörnchen
- der **E**lefant, die Elefanten
- die **E**nte, die Enten
- der **E**sel, die Esel
- die **E**ule, die Eulen

F f

  fahren, du fährst,
  du bist gefahren
- das **F**ahrrad, die Fahrräder
- das **F**ahrzeug, die Fahrzeuge
  fallen, du fällst,
  du bist gefallen
- die **F**eldmaus, die Feldmäuse
- der **F**ernseher, die Fernseher
- das **F**euer, die Feuer
- der **F**euerwehrmann,
  die Feuerwehrmänner
- der **F**isch, die Fische
- der **F**leck, die Flecke
- die **F**liege, die Fliegen
  fliegen, du fliegst,
  du bist geflogen

flitzen, du flitzt,
du bist geflitzt
- das **F**lugzeug, die Flugzeug**e**
- der **F**reund, die Freund**e**
- der **F**rosch, die Fr**ö**sch**e**
- der **F**uchs, die F**ü**chs**e**
- der **F**üller, die Füller
- der **F**uß, die F**üß**e
- der **F**ußball, die Fußb**äll**e

G g
- das **G**eräusch, die Geräusch**e**
- die **G**irlande, die Girlande**n**

groß, gr**öß**er, am gr**öß**ten

gut, besser, am besten

H h

hacken, du hackst,
du hast gehackt
- das **H**alsband, die Halsb**ä**nd**er**
- die **H**and, die H**ä**nd**e**
- das **H**andy, die Handy**s**
- das **H**andtuch, die Handt**ü**ch**er**

hängen, es hängt,
es hat geh**a**ng**en**
- das **H**aus, die H**äu**s**er**
- das **H**eft, die Heft**e**

heiß
- das **H**emd, die Hemd**en**
- der **H**erd, die Herd**e**

hoch, h**ö**her, am h**ö**chsten

hoppeln, du hoppelst,
du bist gehoppelt

- der **H**und, die Hund**e**

hüpfen, du hüpfst,
du bist gehüpft

I i

ihm

ihn

ihr

J j
- die **J**acke, die Jacke**n**
- der **J**unge, die Junge**n**

K k
- die **K**abine, die Kabine**n**
- der **K**äfer, die Käfer

kalt, k**ä**lter, am k**ä**ltesten
- das **K**amel, die Kamel**e**
- das **K**aninchen, die Kaninchen
- die **K**atze, die Katze**n**

kaufen, du kaufst,
du hast gekauft
- die **K**aulquappe,
die Kaulquappe**n**
- das **K**ind, die Kind**er**
- die **K**lasse, die Klasse**n**
- der **K**lassenraum,
die Klassenr**äu**m**e**
- das **K**leid, die Kleid**er**

klein, kleiner, am kleinsten

klettern, du kletterst,
du bist geklettert

klingeln, es klingelt,
es hat geklingelt
klug, klüger, am klügsten
kommen, du kommst,
du bist gekommen
- der **Korb**, die Körbe
krabbeln, du krabbelst,
du bist gekrabbelt
- die **Krähe**, die Krähen
- die **Kuh**, die Kühe

L l

lachen, du lachst,
du hast gelacht
- das **Lager**, die Lager
- die **Lampe**, die Lampen
lang, länger, am längsten
- die **Laterne**, die Laternen
laufen, du läufst,
du bist gelaufen
lecken, du leckst,
du hast geleckt
legen, du legst,
du hast gelegt
- die **Lehrerin**, die Lehrerinnen
- die **Leiter**, die Leitern
lesen, du liest,
du hast gelesen
- die **Libelle**, die Libellen
lieb, lieber, am liebsten
liegen, du liegst,
du hast gelegen
- der **Luftballon**, die Luftballons
lustig, lustiger, am lustigsten

M m

machen, du machst,
du hast gemacht
malen, du malst,
du hast gemalt
manchmal
- die **Maus**, die Mäuse
merken, du merkst,
du hast gemerkt
- das **Messer**, die Messer
mutig, mutiger, am mutigsten
- die **Mütze**, die Mützen

N n

- der **Nagel**, die Nägel
- der **Name**, die Namen
- das **Nest**, die Nester

O o

offen
öffnen, du öffnest,
du hast geöffnet

P p

packen, du packst,
du hast gepackt
- die **Palme**, die Palmen
- der **Panda**, die Pandas
- der **Papagei**, die Papageien
- die oder der **Paprika**,
die Paprikas
- die **Pause**, die Pausen

pfeifen, du pfeifst,
du hast gepfiffen
- das **Pf**erd, die Pferde
- die **Pf**ütze, die Pfützen
- der **Pl**atz, die Plätze
- die **P**olizei
- das **P**ony, die Ponys

Qu qu

- das **Q**uadrat, die Quadrate
quaken, er quakt,
er hat gequakt

R r

- die **R**aupe, die Raupen
- der **R**egenwurm,
die Regenwürmer
regnen, es regnet,
es hat geregnet
rennen, du rennst,
du bist gerannt
- die **R**ichtung, die Richtungen
riechen, du riechst,
du hast gerochen
- die **R**iesenschlange,
die Riesenschlangen
- das **R**ollbrett, die Rollbretter
- das **R**otkehlchen,
die Rotkehlchen
- der **R**ucksack, die Rucksäcke
rufen, du rufst,
du hast gerufen
rund

S s

- der **S**atz, die Sätze
- der **S**chatz, die Schätze
schauen, du schaust,
du hast geschaut
- das **S**child, die Schilder
schlafen, du schläfst,
du hast geschlafen
- der **S**chmetterling,
die Schmetterlinge
- die **S**chnecke, die Schnecken
schnell, schneller,
am schnellsten
- der **S**chrank, die Schränke
schreiben, du schreibst,
du hast geschrieben
- die **S**chule, die Schulen
- der **S**chutzanzug,
die Schutzanzüge
- der **S**chwan, die Schwäne
schwer, schwerer,
am schwersten
- das **S**chwimmbad,
die Schwimmbäder
- die **S**chwimmbrille,
die Schwimmbrillen
schwimmen, du schwimmst,
du bist geschwommen
- der **S**ee, die Seen
- die **S**eife, die Seifen
- das **S**ieb, die Siebe
- der **S**patz, die Spatzen
- der **S**paziergang,
die Spaziergänge
- das **S**piel, die Spiele

spielen, du spielst,
du hast gespielt
- die **S**pinne, die Spinnen
springen, du springst,
du bist gespr**ung**en
spritzen, es spritzt,
es hat gespritzt
- das **S**prungbrett,
die Sprungbrett**er**
- der **S**tar, die Star**e**
stark, stärker, am stärksten
stecken, du steckst,
du hast gesteckt
stehen, du stehst,
du hast gest**anden**
- der **S**teinadler, die Steinadler
- der **S**tift, die Stifte
- das **S**tinktier, die Stinktier**e**
- die **S**tockente, die Stockent**en**
- die **S**traße, die Straß**en**
- der **S**trauß, die Strauß**e**
suchen, du suchst,
du hast gesucht

T t

- die **T**ante, die Tant**en**
- die **T**aube, die Taub**en**
- der **T**auchring, die Tauchring**e**
- der **T**eller, die Teller
tragen, du tr**ä**gst,
du hast getrag**en**
trinken, du trinkst,
du hast getr**unken**

- das **T**uch, die T**ü**ch**er**
- der **T**urnbeutel, die Turnbeutel

U u

- die **U**hr, die Uhr**en**

V v

- der **V**ogel, die V**ö**gel

W w

wachsen, du w**ä**chst,
du bist gewachs**en**
- der **W**ald, die W**äld**er
wandern, du wanderst,
du bist gewandert
warten, du wartest,
du hast gewartet
wecken, du weckst,
du hast geweckt
weit, weiter, am weitesten
wild, wilder, am wildesten
winken, du winkst,
du hast gewinkt
- die **W**oche, die Woch**en**
- die **W**ohnung, die Wohnung**en**

Z z

- der **Z**ettel, die Zettel
- der **Z**ug, die Z**ü**g**e**
- der **Z**werg, die Zwerg**e**

	Sprache fördern	Sprechen und zuhören	Sprache untersuchen	Schreiben/Richtig schreiben	Lesen – mit Texten und Medien umgehen
Unsere Schule – meine Klasse S. 4–19	Wochentage, Monatsnamen und Temporaladverbien S. 4/5; temporale Präpositionen von/bis S. 5; unbestimmter Artikel beim Akkusativobjekt; Nebensätze mit weil S. 6/7	Sätze bilden im Rahmen eines Partnerspiels S. 4; einem Partner Geschichtenideen erzählen (Textplanung) S. 12; Wörter gleicher Bedeutung in verschiedenen Sprachen zuordnen S. 19	Wiederholung Nomen in Singular und Plural; bestimmter und unbestimmter Artikel; Fachbegriffe Nomen, Einzahl, Mehrzahl, unbestimmter Artikel S. 8–11	Ideenfindung zu Texten (Mindmap); Bild als Schreibanlass S. 12/13; Selbst-, Um- und Zwielaute identifizieren und Fachbegriffe verwenden; Wörter in Silben gliedern S. 14; Stammableitung bei Wörtern mit ä S. 15	diskontinuierlichen Text (Stundenplan) lesen S. 5; sich über Texterwartungen austauschen, Vermutungen mit tatsächlichem Inhalt vergleichen, Schlussfolgerungen aus einem Text ziehen S. 16/17
Ich und du S. 20–35	Glückwünsche in verschiedenen Sprachen, Sprachen erkennen S. 20; Antwortsätze auf W-Fragen zuordnen S. 21; Sätze mit Akkusativobjekten bilden S. 22; modale Präpositionen mit/ohne kontrastiv verwenden S. 23	Glückwünsche in den Klassensprachen sammeln und vorsprechen S. 20	Nomen: Formen der Pluralbildung mit -e, -en, -er, -s und unveränderter Endung S. 24/25; Komposita: Nomen + Nomen mit Fugen-s; Artikel zuordnen S. 24; Fachbegriff zusammengesetztes Nomen S. 26/27	Treppensätze schreiben S. 23; appellativen Text (Einladung) schreiben S. 28/29; Vokallänge abhören, Wörter mit ck und tz, Reimwörter S. 30; Abschreibtext schreiben und prüfen S. 31; Gedichte nach Muster schreiben S. 33/35	Bildern Sätze zuordnen S. 20; Gedicht analysieren, Fachbegriffe verwenden (Überschrift, Reimwort, Vers, Strophe, Autor/Autorin); sinnvolle/unsinnige Sätze unterscheiden S. 22; Akrostichon lesen und die Struktur erkennen S. 35
Ich kenne mich aus S. 36–51	Wo-Fragen stellen und beantworten S. 36; Wegbeschreibung mit Lokaladverbien S. 37; Verschmelzung von Präposition und Artikel zum/zur/zum S. 38; unpersönliches Subjekt es S. 43	Sätze zu Ortsbestimmungen formulieren S. 38/39; Sprachen vergleichen (Wortschatz öffentliche Gebäude) S. 51	Personalformen von Verben bilden, Fachbegriffe Personalform, Grundform S. 41/42; Personalpronomen als Stellvertreter von Nomen, Fachbegriff Pronomen S. 42	Wege beschreiben S. 37; Bericht geordnet aufschreiben S. 44; Sätze durch Ergänzungen vervollständigen S. 45; Nomen mit Auslautverhärtung verlängern, Abschreibtext S. 46/47	diskontinuierliche Texte (Stadtplan) lesen S. 36/37; Piktogramme verstehen S. 36–39; Textelemente nach Bilderfolge ordnen S. 44; Fragen zum Text beantworten S. 48/49
Bei mir zu Hause S. 52–67	Personalpronomen im Dativ mir/dir/ihm/ihr S. 52/53; Nomen im Akkusativ mit unbestimmtem Artikel S. 54; Verben im Imperativ S. 55; Aussagesätze zu Fragesätzen umstellen S. 62	Satzarten anhand der Satzmelodie abhören S. 62; sprachspielerischer Umgang mit Versen und Gedichten S. 67	Vergleichsstufen bilden und verwenden; Fachbegriffe Adjektiv, Grundstufe, Vergleichsstufen S. 56/57; Satzarten unterscheiden S. 61–63	Fantasiegeschichte planen, schreiben u. präsentieren S. 58/59; Adjektive mit Auslautverhärtung S. 60; Satzschlusszeichen, Fachbegriff Ausrufezeichen, Abschreibtext S. 61, 63	Fragen zum Text beantworten (Auswahlantworttest) Belegstellen im Text finden und markieren S. 64/65; Reimstruktur eines Gedichts erkennen und variieren S. 67
Ich stelle mir vor S. 68–83 	Sätze mit erweitertem Infinitiv um ... zu S. 68/69; nominalisierte Superlative/Elative S. 70; Stammumlautung in Vergleichsstufen S. 70	Wortschatz für Gefühlszustände üben S. 71; Satzarten anhand der Prosodie unterscheiden und passende Begleitsätze zuordnen S. 72/73	Vergleichsstufen S. 70; wörtliche Rede mit vorangestelltem Begleitsatz; Wortfeld sagen, Fachbegriffe wörtliche Rede, Begleitsatz S. 72–75	Bild als Schreibanlass S. 71; Zeichen der wörtlichen Rede S. 72–75; wörtliche Rede im Text verwenden S. 76/77; Verben/Nomen mit ng u. nk S. 78/79	Bildinformationen und Textinformationen vergleichen; Fragen zu einer Erzählung beantworten S. 80/81; Emoticons lesen und erfinden S. 83

	Sprache fördern	Sprechen und zuhören	Sprache untersuchen	Schreiben/Richtig schreiben	Lesen – mit Texten und Medien umgehen
Zeit für mich S. 4–19	Oberbegriffe/Sammelnamen zuordnen, Wortfelder ergänzen **S. 4**; Entscheidungsfragen zu eigenen Hobbys/Vorlieben **S. 5**; Reflexivpronomen im Akkusativ, Personalformen reflexiver Verben, Nebensätze mit *weil* **S. 6/7**	andere befragen und Auskunft geben zu eigenen Hobbys/Vorlieben **S. 5**; dialogischen Text mit verteilten Rollen vortragen, Intonation gezielt einsetzen **S. 16/17**	Verben im Präsens und Perfekt, Bildung des Perfekts mit den Hilfsverben *sein* und *haben* in allen Personalformen, Fachbegriffe *Gegenwart, Vergangenheit* **S. 8–11**; Wortfamilien erkennen und ordnen **S. 14/15**	Werbeplakat planen (Mindmap) und gestalten **S. 12/13**; Fachbegriffe *Wortfamilie, Wortstamm*, Rechtschreibstrategie *Ableiten*, Abschreibtext schreiben und überprüfen **S. 14/15**; Witze aufschreiben **S. 19**	Sachtexten W-Fragen zuordnen **S. 12**; Wörter im Lückentext ergänzen **S. 14**; in einem dialogischen Text die Sprecherrollen zuordnen und das szenische Lesen vorbereiten **S. 16/17**; verstellten Text ordnen **S. 19**
Computermaus und Lesekater S. 20–35	Wortschatz, *Computer/Internet/E-Mail* üben **S. 20/21**; Homonyme erklären; S-P-O-Sätze: Satzglieder umstellen, Verb in Frontstellung, Fragesätze bilden **S. 22–25**	Definitionen und Fachbegriffe zuordnen, Aussprache von Fremdwörtern üben **S. 20–21**; über einen eigenen Text gemeinsam sprechen und ihn verbessern **S. 28/29**	Satzglieder umstellen, vorbegrifflich: Subjekt und Prädikat, Stellung des Prädikats im Satz, Fachbegriffe *Satzglied, Aussage- und Fragesatz* **S. 22–25**	Ideensammlung für Fantasiegeschichte (Steckbrief, Leitfragen, Mindmap) **S. 26/27**; gemeinsame Textüberarbeitung **S. 28/29**; Ableiten: Wörter mit *ä/äu*, Abschreibtext **S. 30/31**	Multiple-Choice-Fragen zum Sachtext beantworten und mit Textstellen belegen; Text fortspinnen **S. 32/33, 35**
Die Welt um mich herum S. 36–51	Wortfeld *sich bewegen* **S. 36/37**; Pronomen Nomen zuordnen, Perfektformen mit *sein* bilden **S. 37**	Sachverhalte pantomimisch ausdrücken und Pantomimen deuten **S. 36**	Subjekt und Prädikat im Satz erkennen, Fachbegriffe *Subjekt, Prädikat* **S. 38–40**; Diminutive bilden, Fachbegriff *Verkleinerungsform* **S. 41**	Analoggedicht schreiben **S. 41**; Steckbrief schreiben **S. 42/43**; Wörter mit Silben-*h*, Abschreibtext **S. 44/45**; Wörter alphabetisch ordnen, in der Wörterliste nachschlagen **S. 46/47**	Sachinformationen in Kategorien einordnen **S. 42–43**; genaues Lesen: Sätze fortsetzen, Texte vergleichen, Textverständnis zeichnerisch nachweisen **S. 48–49**
Bei uns und anderswo S. 52–65	Oberbegriffe/Sammelnamen zuordnen, Wortfelder ergänzen **S. 52/53**; Sätze mit unpersönlichem Subjekt *es* bilden; Possessivpronomen im Dativ **S. 54/55**	einen Sachverhalt beschreiben, Fragen zu Sachverhalten stellen und beantworten **S. 53/54**	trennbare und nicht trennbare Präfixverben mit Wortbausteinen (Verbklammer), Bedeutungsveränderung durch Präfixe erkennen, Fachbegriff *Wortbaustein* **S. 56/57**	Ideensammlung für Fantasiegeschichte (Illustration, Leitfragen), Schreiben mit Schreibhilfen (eigene Wörtersammlung) **S. 58/59**; Rechtschreibstrategien anwenden **S. 60/61**; konkretes Gedicht schreiben **S. 65**	Bilder Sachtexten passend zuordnen, Fragen zu Sachtexten beantworten, Vorlieben ausdrücken **S. 62/63**
Das kann ich schon S. 66–81	Präpositionen verwenden und mit den richtigen Kasus verbinden **S. 74/75**	Wörter silbieren **S. 76**	Nomen: Singular/Plural, Komposita, Diminutiv, bestimmter und unbestimmter Artikel **S. 66/67**; Verben: Personalformen, Zeitformen, Präfixe **S. 68/69**; Adjektive: Vergleichsformen, Elativ **S. 70/71**; Satzglieder erkennen und umstellen, Subjekt und Prädikat **S. 72/73**; wörtliche Rede/Begleitsatz **S. 81**	Analoggedicht schreiben **S. 71**; Selbst-, Mit- und Zwielaute erkennen **S. 76**; Wörter mit doppeltem Mitlaut (*ck* und *tz*) **S. 77**; Verlängern bei Nomen und Adjektiven **S. 78**; Ableiten: Wörter mit *ä/äu* **S. 79**; Wörter alphabetisch ordnen und in der Wörterliste nachschlagen **S. 80**; Satzzeichen bei der wörtlichen Rede **S. 81**	Lückentexte ergänzen **S. 67, 69**; Fragen zum Bild beantworten **S. 75**